2018全国青少年数独比赛题集

北京市数独运动协会 ◎ 编著

科学出版社

北京

内 容 简 介

数独是一种以数字为表现形式的益智类游戏，它能够全面锻炼人们的逻辑思维能力、推理判断能力、观察力和专注力，在我国已日渐风靡起来。数独游戏规则简单，形式多变，适合各年龄段的爱好者，很多青少年都加入到数独爱好者的行列中来。

本书主要内容为2018年全国青少年数独比赛真题，此次比赛决赛参赛人数约800人，选拔出了很多优秀的数独选手。

读者可以通过本书体验比赛真题，感受比赛气氛，提升解题技能。

图书在版编目（CIP）数据

2018全国青少年数独比赛题集/北京市数独运动协会编著.—北京：科学出版社，2019.2

ISBN 978-7-03-060449-1

Ⅰ.2… Ⅱ.①北… Ⅲ.①智力游戏–青少年读物 Ⅳ.①G898.2

中国版本图书馆CIP数据核字（2019）第013537号

责任编辑：孙力维　杨　凯 / 责任制作：魏　谨
责任印制：张克忠
北京东方科龙图文有限公司　制作
http://www.okbook.com.cn

科学出版社　出版
北京东黄城根北街16号
邮政编码：100717
http://www.sciencep.com

天津市新科印刷有限公司　印刷
科学出版社发行　各地新华书店经销

*

2019年2月第　一　版　　开本：720×1000　1/16
2019年2月第一次印刷　　印张：14
　　　　　　　　　　　　字数：240 000

定价：42.00元

（如有印装质量问题，我社负责调换）

前 言
PREFACE

　　自北京市数独运动协会成立以来，以青少年选手为代表的中国数独队成绩进步显著，屡次在国际大赛中保持世界前三之列，并且连续包揽18岁以下年龄组级别冠军。全国青少年数独比赛旨在发现数独人才，提升青少年数独选手的水平，完成青少年梯队的建设和发展，在世界数独谜题智力赛场展现中国实力。

　　2018全国青少年数独比赛于2018年8月10日在北京举行，经过上海、大连、东莞、潍坊、宁波、苏州、许昌、衢州、大庆、哈尔滨、长春、杭州、扬州、无锡、南通、太原、赣州、昆明等18个赛区的选拔，近800名数独选手从5万多名青少年中脱颖而出，代表所在城市参加了2018全国青少年数独比赛。

　　举办2018全国青少年数独比赛，旨在加强数独在校园中的普及度，检验各地学生的普遍水平，培养他们分析问题、解决问题和挑战困难的能力，通过数独运动教学、教育、比赛，丰富学生课外体育活动的形式和内容，切实提高青少年体质健康水平，形成良好风气。同时启动"中国数独人才培养计划"，根据各地优秀选手的推荐甄选，完善国家数独队梯队建设。

目 录
CONTENTS

2018 全国青少年数独比赛 比赛规程 // 001

2018 全国青少年数独比赛 题型说明 // 007

2018 全国青少年数独比赛 个人初赛 // 035

2018 全国青少年数独比赛 个人决赛 // 065

2018 全国青少年数独比赛 团体决赛 // 129

2018 全国青少年数独比赛 真题答案 // 183

2018 全国青少年数独比赛
比赛规程

一、组织单位

主办单位：
　　　　北京奥运城市发展基金会
　　　　北京歌华传媒集团有限责任公司
　　　　北京北广新新传媒有限责任公司
　　　　北京市数独运动协会

支持单位：
　　　　上海四季教育集团

承办单位：
　　　　上海、大连、东莞、潍坊、宁波、苏州、许昌、衢州、大庆、哈尔滨、长春、杭州、扬州、无锡、南通、太原、赣州、昆明等18家北京市数独运动协会合作机构（即本届比赛城市赛区组委会）

二、比赛时间及地点

1. 个人初赛
　　时间：2018年5月26日
　　地点：各地组委会另行通知
2. 个人决赛及团体决赛
　　时间：2018年8月10日
　　地点：北京中信国安第一城

三、比赛项目

1. 个人赛初赛
2. 个人赛决赛
3. 团体赛决赛
4. "数独王中王"表演赛

四、比赛组别

1. U8 组：2010 年 1 月 1 日以后出生
2. U10 组：2008 年 1 月 1 日—2009 年 12 月 31 日
3. U12 组：2006 年 1 月 1 日—2007 年 12 月 31 日
4. U18 组：2000 年 1 月 1 日—2005 年 12 月 31 日

个人赛严格按规定年龄分组。团体赛低组别选手可参加高组别比赛，高组别选手不能参加低组别比赛。

团体赛仅接受赛区报名，每队 4 人，每个赛区可有多支队伍参赛，按照 ABCD 队顺序报名，AB 两队中成绩最优秀的一队为该赛区团体赛最终成绩，其他队伍不计入颁奖排名。

五、比赛办法

1. 个人赛初赛

（1）比赛时间：2018 年 5 月 26 日
　　09:00~09:30　签到
　　09:30~10:00　第 1 轮
　　10:15~10:45　第 2 轮

（2）比赛规则：比赛共两轮，每轮 30 分钟，满分 100 分。提前交卷不加分。

各赛区组委会将全部试卷统一封存并在比赛结束之后第一时间快递到北京，北京市数独运动协会组织专业裁判阅卷记录分数。

晋级人数按照四个组别报名人数比例及初赛成绩由高到低晋级，最低晋级总分 120 分（含），晋级选手可以参加 2018 年 8 月 10 日的决赛。若晋级人数超过组委会接待极限，将按照四个组别报名人数比例及初赛成绩等额减少晋级名额；若晋级人数低于预期，则以 20 分为一档降低晋级分数，选手顺序补位晋级。实力较弱的赛区，经组委会批准，各组别可选派 8 人晋级参加决赛。初赛比赛结束 7 个工作日对外发布晋级通知。

2. 决　赛

（1）比赛时间：2018 年 8 月 10 日（全天）

08:30~08:50 选手入场

09:00~09:20 个人赛第1轮 限时20分钟

09:40~10:10 个人赛第2轮 限时30分钟

10:30~11:00 个人赛第3轮 限时30分钟

11:20~11:50 个人赛第4轮 限时30分钟

11:50~14:20 午餐、休息

14:30~14:45 团体赛第1轮 限时15分钟

15:05~15:25 团体赛第2轮 限时20分钟

15:45~15:55 团体赛第3轮 限时10分钟 （数独棋待定）

（2）比赛规则：决赛分个人赛和团体赛，其中个人赛四轮，团体赛三轮。个人赛每轮比赛在规定时间内完成全部题目且答案正确的，可以提前交卷，每提前一分钟加3分；团体赛每轮比赛在规定时间内完成全部题目且答案正确的，可以提前交卷，每提前一分钟加10分。

3. 比赛题型

U8组：四宫/六宫/九宫标准数独/五宫不规则数独/六宫对角线数独。

U10组：六宫/九宫标准数独/九宫对角线数独/九宫奇数数独/六宫不规则数独/六宫连续数独/六宫杀手数独。

U12组：九宫标准数独/九宫对角线数独/九宫乘积数独/七宫不规则数独/六宫连续数独/六宫杀手数独/六宫不等号数独。

U18组：九宫标准数独/九宫对角线数独/九宫不规则数独/九宫杀手数独/九宫连续数独/九宫无马数独/六宫摩天楼数独/六宫黑白点数独。

4. "数独王中王"表演赛

个人赛每组金奖选手参加"数独王中王"表演赛，优胜者获得本届"数独王中王"称号。表演赛将在8月11日颁奖仪式前进行。

六、奖项设置

1. 各组别个人赛设金奖5名，银奖25名，铜奖50名，颁发奖牌和奖状；其他入围决赛选手授予个人优秀成绩奖状。

2. 各组别团体赛设金奖1名、银奖5名、其余团体为铜奖，颁发奖杯和证书。

七、裁判和仲裁

本赛事裁判和仲裁由北京市数独运动协会的专业裁判担任。

1. 每道题目答案唯一。试卷统一收回后，裁判组将按照标准答案进行评判，每个格内数字以最大最清晰数字为准，如果一格内多于一个数字或字迹潦草无法分辨，则该格数字判定为错，该题目不得分。

2. 裁判组严格执行阅卷管理制度，每道题目将有"二判一核"确认后登分，原则上初赛不接受查分。

八、参赛资格

1. 参赛选手需有中小学正式学籍，不受户籍限制。

2. 参赛选手需遵守中小学生行为规范，身体健康，无高血压、神经科、心脏疾患。

3. 参赛选手需接受并遵守本赛事规程及相关规定。

九、参赛要求

1. 各地组委会在接到本通知后可在当地组织 2018 全国青少年数独比赛初赛 XX 赛区选拔赛，必须使用北京市数独运动协会提供的统一试卷，并严格执行赛事规则要求，做到组织严密、竞赛公正，并接受各方监督。

2. 报名时需统计选手姓名、组别、身份证号码、监护人联系电话等信息，报名结束后将电子版报名表上传组委会。

3. 赛场不允许选手拍照赛题，所有赛题未经北京市数独运动协会允许不得公开，不得集册出版、复印、售卖。

4. 各地组委会要与北京市数独运动协会保持沟通联系，及时汇报本赛区各项工作进展情况。如出现严重违规，将被取消承办资格。

十、比赛器材及参考用书

1. 参赛选手自带比赛用具，包括铅笔、橡皮等。

2. 若团体赛第 3 轮使用数独棋，则由北京市数独运动协会统一提供，选手不得将棋子带离赛场。

3. 参考用书为龙门书局出版《中小学数独比赛题集》、《小学生数独训练》、《六宫变型数独全集》、《随时随地玩数独》。

十一、违规及处理

1. 违规行为包括但不限于冒名顶替、弄虚作假、服用兴奋剂等行为。

2. 参赛者如有违规行为，将被取消参赛资格和所有成绩，并追回奖项。

3. 比赛指导老师在比赛开始时未按要求及时退场，视为违规作弊，直接取消该队成绩。

4. 参赛者如有违纪行为，参照《全国学生体育竞赛纪律处罚规定》、《全国学生体育竞赛处罚规定》处理。

十二、申　诉

如对比赛结果及判罚有异议，首先由领队或教练向各组别裁判口头提出申诉。经解释仍有异议者，须以赛区名义以书面形式，向总裁判长提出申诉要求，并提供相关证据。申诉报告须经领队签字方可受理。

总裁判长有权更改裁判组结果或维持原判，总裁判长给出的判决结果为最终结果。

十三、其　他

1. 本赛事官方信息发布在北京市数独运动协会微信公众号"数独酷"。
2. 其他未尽事宜将另行通知。
3. 本规程解释权在赛事组委会。

赛事组委会
2018 年 6 月

2018 全国青少年数独比赛
题型说明

一、U8 组题型

四宫标准数独：将数字 1~4 填入空格内，使得每行、每列及每宫内数字均不重复。

4		1	
		3	
	4		
	2		3

4	3	1	2
2	1	3	4
3	4	2	1
1	2	4	3

六宫标准数独：将数字 1~6 填入空格内，使得每行、每列及每宫内数字均不重复。

			2		4
	3	2			5
				1	2
2	1				
5			6	4	
1		6			

6	5	1	2	3	4
4	3	2	1	6	5
3	6	5	4	1	2
2	1	4	3	5	6
5	2	3	6	4	1
1	4	6	5	2	3

标准数独：将数字 1~9 填入空格内，使得每行、每列及每宫内数字均不重复。

	9	2				4	6	
	7		6		1		5	
		3	9		4	2		
1		5		6		3		8
3								4
4		9		7		1		6
		1	3		6	7		
	4		1		7		3	
	3	8				6	1	

5	9	2	7	3	8	4	6	1
8	7	4	6	2	1	9	5	3
6	1	3	9	5	4	2	8	7
1	2	5	4	6	9	3	7	8
3	6	7	8	1	2	5	9	4
4	8	9	5	7	3	1	2	6
9	5	1	3	8	6	7	4	2
2	4	6	1	9	7	8	3	5
7	3	8	2	4	5	6	1	9

五宫不规则数独：将数字 1~5 填入空格内，使得每行、每列及每个不规则粗线宫内数字均不重复。

	3			2
1				
	4		3	
				3
3			1	

4	3	1	5	2
1	5	3	2	4
2	4	5	3	1
5	1	2	4	3
3	2	4	1	5

六宫对角线数独：将数字 1~6 填入空格内，使得每行、每列、每宫及两条对角线内数字均不重复。

	3	2			
			3		2
1				3	5
2	5				6
3		1			
				1	6

5	3	2	6	4	1
6	1	4	3	5	2
1	4	6	2	3	5
2	5	3	4	1	6
3	6	1	5	2	4
4	2	5	1	6	3

二、U10 组题型

六宫标准数独：将数字 1~6 填入空格内，使得每行、每列及每宫内数字均不重复。

			2		4
	3	2			5
				1	2
2	1				
5			6	4	
1		6			

6	5	1	2	3	4
4	3	2	1	6	5
3	6	5	4	1	2
2	1	4	3	5	6
5	2	3	6	4	1
1	4	6	5	2	3

六宫不规则数独：将数字 1~6 填入空格内，使得每行、每列及每个不规则粗线宫内数字均不重复。

4		3	2		
	3				5
				2	1
2	1				
5				3	
		1	3		4

4	5	3	2	1	6
1	3	2	4	6	5
3	4	6	5	2	1
2	1	5	6	4	3
5	6	4	1	3	2
6	2	1	3	5	4

六宫连续数独：将数字 1~6 填入空格内，使得每行、每列及每宫内数字均不重复，题目中相邻两格间标有灰色粗线的，这两格内数字之差为 1；相邻两格间没标灰色粗线的，这两格内数字之差不能为 1。

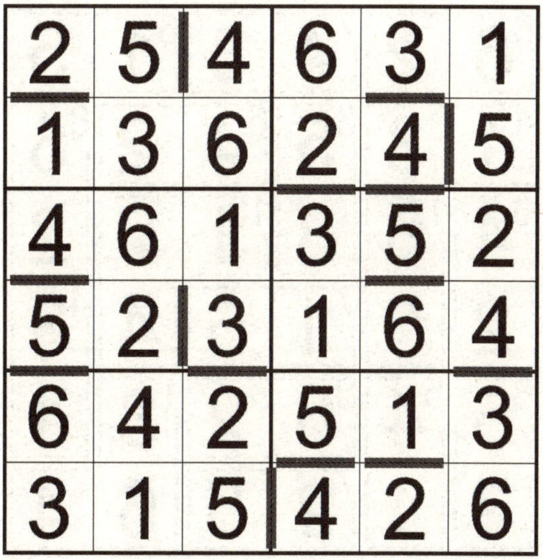

六宫杀手数独： 将数字 1~6 填入空格内，使得每行、每列及每宫内数字均不重复，虚线框内提示数表示该框内所有数字之和，同一虚线框内不能出现相同的数字。

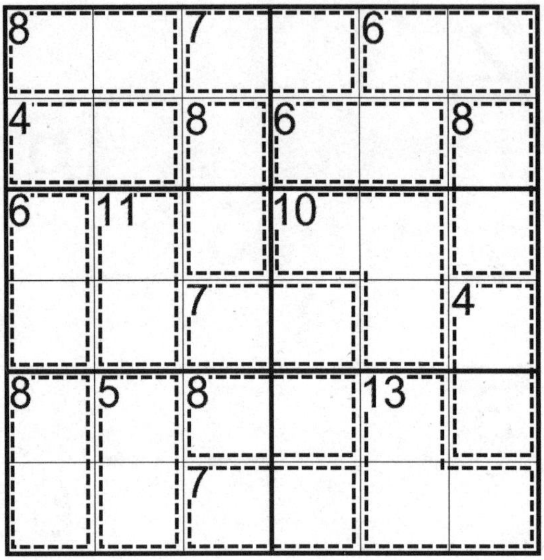

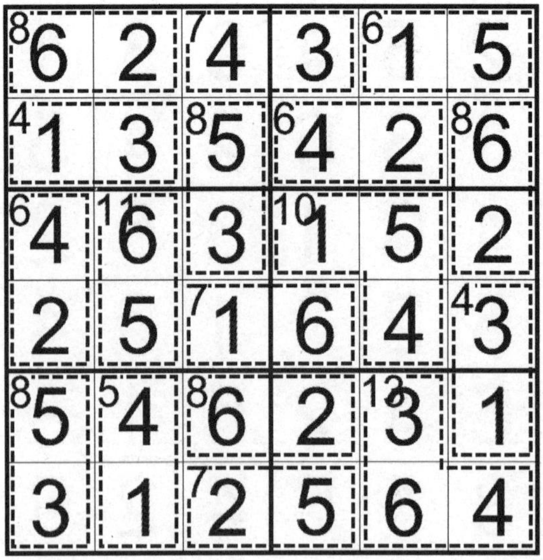

⁸6	2	⁷4	3	⁶1	5
⁴1	3	⁸5	⁶4	2	⁸6
⁶4	¹¹6	3	¹⁰1	5	2
2	5	⁷1	6	4	⁴3
⁸5	⁵4	⁸6	2	¹³3	1
3	1	⁷2	5	6	4

标准数独：将数字 1~9 填入空格内，使得每行、每列及每宫内数字均不重复。

	9	2				4	6	
	7		6		1		5	
		3	9		4	2		
1		5		6		3		8
3								4
4		9		7		1		6
		1	3		6	7		
	4		1		7		3	
	3	8				6	1	

5	9	2	7	3	8	4	6	1
8	7	4	6	2	1	9	5	3
6	1	3	9	5	4	2	8	7
1	2	5	4	6	9	3	7	8
3	6	7	8	1	2	5	9	4
4	8	9	5	7	3	1	2	6
9	5	1	3	8	6	7	4	2
2	4	6	1	9	7	8	3	5
7	3	8	2	4	5	6	1	9

对角线数独：将数字 1~9 填入空格内，使得每行、每列、每宫及两条对角线内数字均不重复。

	8			9	2			
9			1	6				
7		4		8			5	
	6	7		4		5		
	4		3		5		6	
	2			6		8	7	
6			5		7			3
			6	3				8
	7	3				6		

4	1	8	7	5	3	9	2	6
9	3	5	2	1	6	4	8	7
7	2	6	4	9	8	3	1	5
1	6	7	8	4	2	5	3	9
8	4	9	3	7	5	2	6	1
3	5	2	1	6	9	8	7	4
6	8	4	5	2	7	1	9	3
2	9	1	6	3	4	7	5	8
5	7	3	9	8	1	6	4	2

奇数数独：将数字 1~9 填入空格内，使得每行、每列及每宫内数字均不重复，灰色格内只能填入奇数。

1		4				8		3
			2					
7					4			2
		5					2	
				6				
	9					6		
5			7					4
					8			
2		1				7		9

1	2	4	6	5	9	8	7	3
9	8	3	2	1	7	5	4	6
7	5	6	3	8	4	1	9	2
6	1	5	9	7	3	4	2	8
3	4	7	8	6	2	9	5	1
8	9	2	5	4	1	6	3	7
5	3	8	7	9	6	2	1	4
4	7	9	1	2	8	3	6	5
2	6	1	4	3	5	7	8	9

三、U12 组题型

六宫连续数独：将数字 1~6 填入空格内，使得每行、每列及每宫内数字均不重复，题目中相邻两格间标有灰色粗线的，这两格内数字之差为 1；相邻两格间没标灰色粗线的，这两格内数字之差不能为 1。

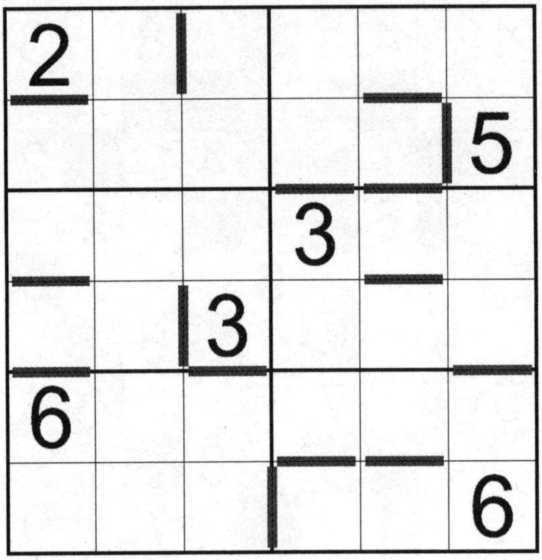

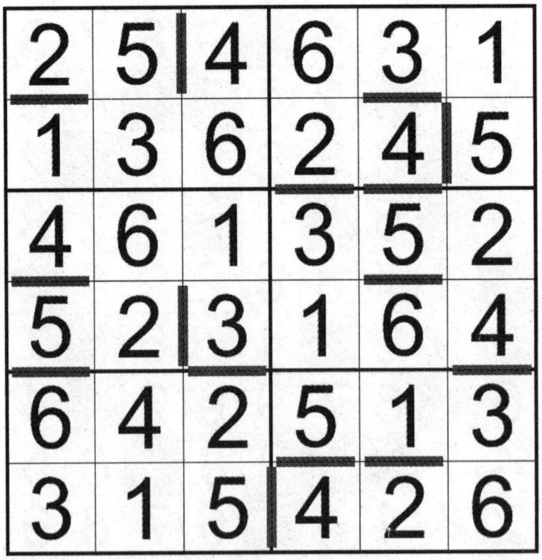

六宫杀手数独：将数字 1~6 填入空格内，使得每行、每列及每宫内数字均不重复，虚线框内提示数表示该框内所有数字之和，同一虚线框内不能出现相同的数字。

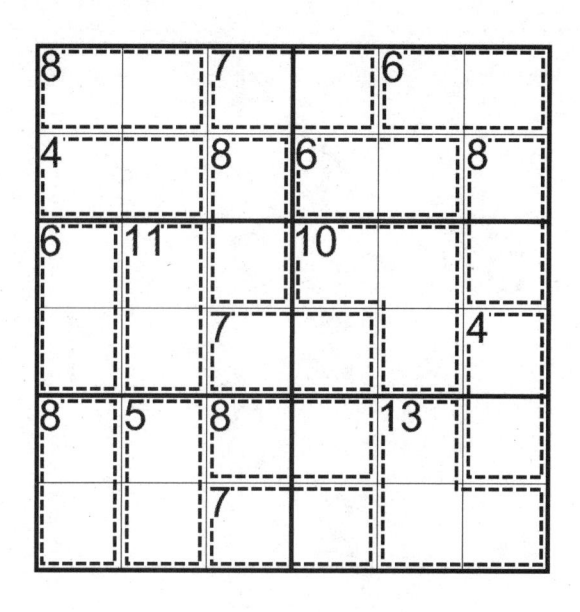

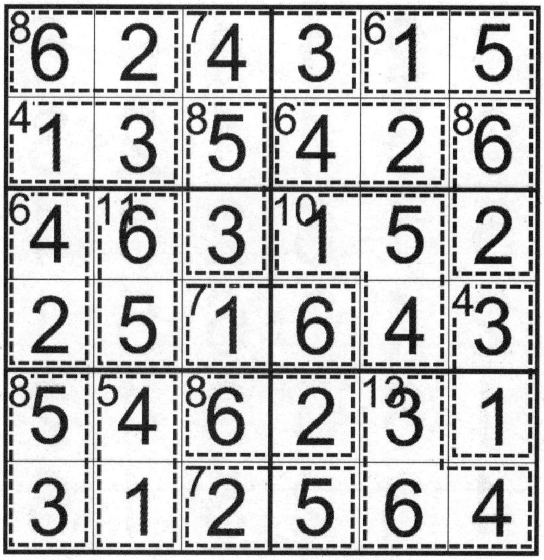

六宫不等号数独： 将数字 1~6 填入空格内，使得每行、每列及每宫内数字均不重复，盘面内不等号表示相邻两侧格内数字的大小关系。

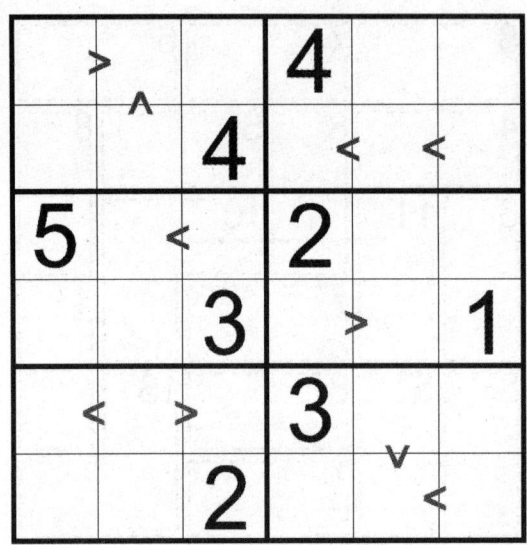

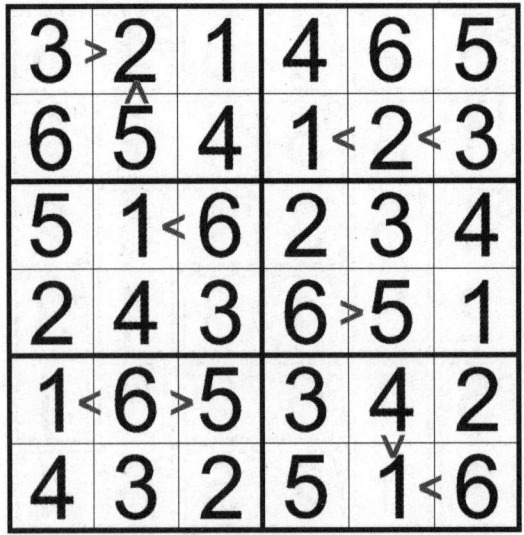

七宫不规则数独：将数字 1~7 填入空格内，使得每行、每列及每个不规则粗线宫内数字均不重复。

	5			6		4
6			4		7	
		4		5		2
	4		6		5	
4		6		7		
	3		7			6
5		7			3	

7	5	2	3	6	1	4
6	2	3	4	1	7	5
3	7	4	1	5	6	2
2	4	1	6	3	5	7
4	1	6	5	7	2	3
1	3	5	7	2	4	6
5	6	7	2	4	3	1

标准数独：将数字 1~9 填入空格内，使得每行、每列及每宫内数字均不重复。

	9	2				4	6	
	7		6		1		5	
		3	9		4	2		
1		5		6		3		8
3								4
4		9		7		1		6
		1	3		6	7		
	4		1		7		3	
	3	8				6	1	

5	9	2	7	3	8	4	6	1
8	7	4	6	2	1	9	5	3
6	1	3	9	5	4	2	8	7
1	2	5	4	6	9	3	7	8
3	6	7	8	1	2	5	9	4
4	8	9	5	7	3	1	2	6
9	5	1	3	8	6	7	4	2
2	4	6	1	9	7	8	3	5
7	3	8	2	4	5	6	1	9

对角线数独：将数字 1~9 填入空格内，使得每行、每列、每宫及两条对角线内数字均不重复。

		8				9	2	
9				1	6			
7			4		8			5
	6	7		4		5		
	4		3		5		6	
		2		6		8	7	
6			5		7			3
			6	3				8
	7	3				6		

4	1	8	7	5	3	9	2	6
9	3	5	2	1	6	4	8	7
7	2	6	4	9	8	3	1	5
1	6	7	8	4	2	5	3	9
8	4	9	3	7	5	2	6	1
3	5	2	1	6	9	8	7	4
6	8	4	5	2	7	1	9	3
2	9	1	6	3	4	7	5	8
5	7	3	9	8	1	6	4	2

乘积数独：将数字1~9填入空格内，使得每行、每列及每宫内数字均不重复，盘面内提示数表示两侧格内数字的乘积。

7	3	5	1	6	4	9	2	8
2	4	1	9	8	5	6	3	7
8	6	9	2	7	3	4	5	1
6	2	8	3	5	1	7	9	4
5	9	3	6	4	7	8	1	2
1	7	4	8	9	2	5	6	3
3	5	7	4	2	9	1	8	6
9	1	6	7	3	8	2	4	5
4	8	2	5	1	6	3	7	9

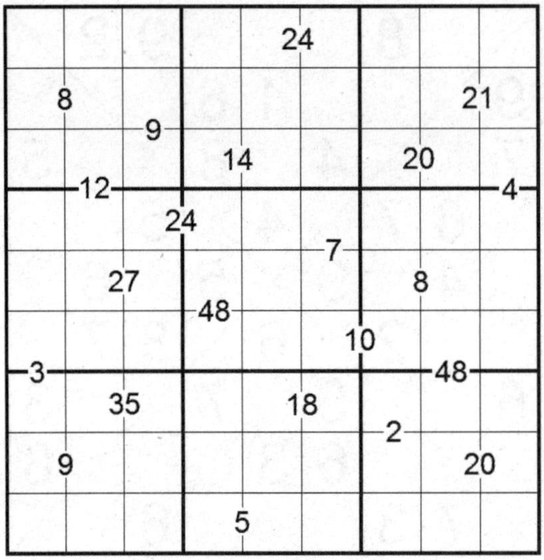

四、U18 组题型

六宫黑白点数独：将数字 1~6 填入空格内，使得每行、每列及每宫内数字均不重复，盘面内白点两侧格内数字之差为 1，黑点两侧格内数字为 2 倍关系，没有黑白点的相邻两格内数字不会出现上述两种关系。

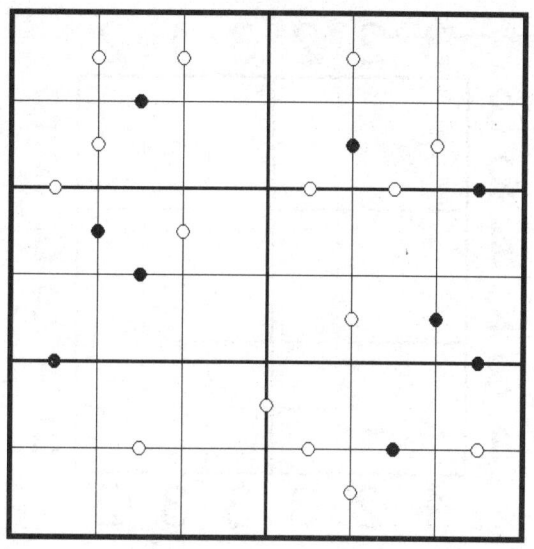

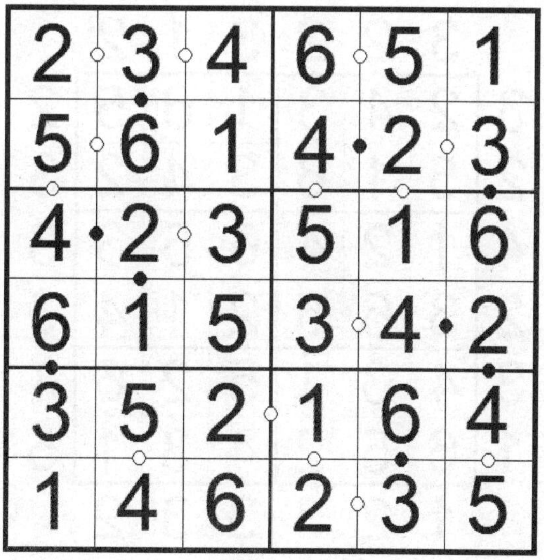

2	3	4	6	5	1
5	6	1	4	2	3
4	2	3	5	1	6
6	1	5	3	4	2
3	5	2	1	6	4
1	4	6	2	3	5

六宫摩天楼数独：将数字 1~6 填入空格内，使得每行、每列及每宫内数字均不重复，盘面外提示数表示从该方向观测可以看到楼房的个数，盘面内数字表示不同高度的楼房，层数高的楼房会挡住层数低楼房被观测的视线。

	3	2	2	3	1	2	
3							2
2							3
4							3
2							3
3							1
1							5
	1	2	3	3	3	2	

	3	2	2	3	1	2	
3	2	4	3	1	6	5	2
2	5	1	6	3	4	2	3
4	1	2	4	6	5	3	3
2	3	6	5	2	1	4	3
3	4	3	1	5	2	6	1
1	6	5	2	4	3	1	5
	1	2	3	3	3	2	

标准数独：将数字 1~9 填入空格内，使得每行、每列及每宫内数字均不重复。

	9	2				4	6	
	7		6		1		5	
		3	9		4	2		
1		5		6		3		8
3								4
4		9		7		1		6
		1	3		6	7		
	4		1		7		3	
	3	8				6	1	

5	9	2	7	3	8	4	6	1
8	7	4	6	2	1	9	5	3
6	1	3	9	5	4	2	8	7
1	2	5	4	6	9	3	7	8
3	6	7	8	1	2	5	9	4
4	8	9	5	7	3	1	2	6
9	5	1	3	8	6	7	4	2
2	4	6	1	9	7	8	3	5
7	3	8	2	4	5	6	1	9

对角线数独：将数字1~9填入空格内，使得每行、每列、每宫及两条对角线内数字均不重复。

	8					9	2	
9				1	6			
7			4		8			5
	6	7		4		5		
	4		3		5		6	
		2		6		8	7	
6			5		7			3
			6	3				8
	7	3				6		

4	1	8	7	5	3	9	2	6
9	3	5	2	1	6	4	8	7
7	2	6	4	9	8	3	1	5
1	6	7	8	4	2	5	3	9
8	4	9	3	7	5	2	6	1
3	5	2	1	6	9	8	7	4
6	8	4	5	2	7	1	9	3
2	9	1	6	3	4	7	5	8
5	7	3	9	8	1	6	4	2

不规则数独：将数字 1~9 填入空格内，使得每行、每列及每个不规则粗线宫内数字均不重复。

	5	1		2	3			
					4	3		7
	4			5				2
4	3		5		2			
7		3				9		5
			3		5		6	4
5				8			2	
3		4	8					
			9	3		2	4	

9	5	1	4	2	3	7	8	6
2	1	8	6	9	4	3	5	7
8	4	6	7	5	9	1	3	2
4	3	7	5	1	2	6	9	8
7	8	3	2	4	6	9	1	5
1	9	2	3	7	5	8	6	4
5	6	9	1	8	7	4	2	3
3	2	4	8	6	1	5	7	9
6	7	5	9	3	8	2	4	1

杀手数独：将数字 1~9 填入空格内，使得每行、每列及每宫内数字均不重复，虚线框内提示数表示框内所有数字之和，同虚线框内不能填入相同的数字。

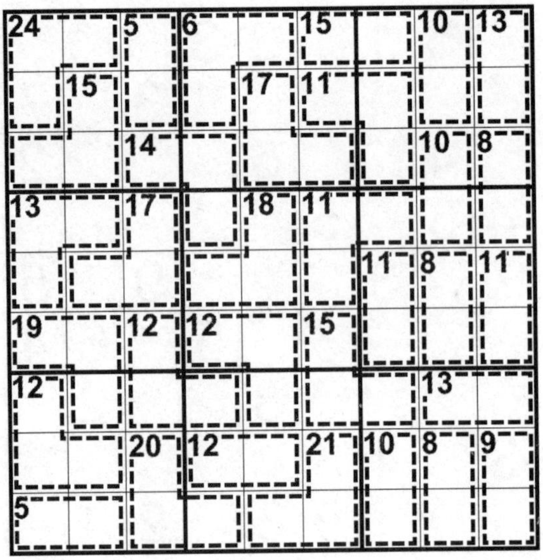

连续数独： 将数字 1~9 填入空格内，使得每行、每列及每宫内数字均不重复，题目中相邻两格间标有灰色粗线的，这两格内数字之差为 1；相邻两格间没标灰色粗线的，这两格内数字之差不能为 1。

2				6				
			4			2		9
9		5						
	9						7	
			3		6			
	5						6	
						7		4
5		3			4			
				1				5

2	8	4	1	6	9	3	5	7
6	3	7	4	8	5	2	1	9
9	1	5	7	3	2	6	4	8
3	9	6	5	2	8	4	7	1
8	4	1	3	7	6	5	9	2
7	5	2	9	4	1	8	6	3
1	6	9	2	5	3	7	8	4
5	7	3	8	9	4	1	2	6
4	2	8	6	1	7	9	3	5

无马数独： 将数字 1~9 填入空格内，使得每行、每列及每宫内数字均不重复，彼此形成国际象棋中马步位置（二拐一）关系的两格内不能出现相同的数字。

	1	8					2	
4						5		9
	3		9		5			
		3		9		2		5
				1		2		
1		2		5		6		
			5		1		4	
7		4						2
	5				8		7	

9	1	5	8	3	6	4	2	7
4	6	8	2	1	7	5	3	9
2	3	7	9	4	5	8	6	1
8	7	3	6	9	4	2	1	5
5	4	6	1	8	2	7	9	3
1	9	2	7	5	3	6	8	4
6	2	9	5	7	1	3	4	8
7	8	4	3	6	9	1	5	2
3	5	1	4	2	8	9	7	6

2018 全国青少年数独比赛
个 人 初 赛

U8组　第1轮——标准数独

1			2
	2		
		3	
			4

（001）

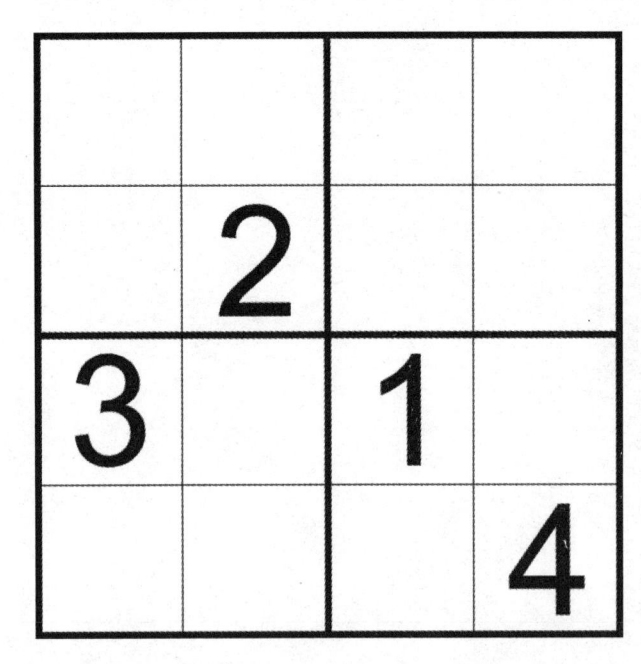

	2		
3		1	
			4

（002）

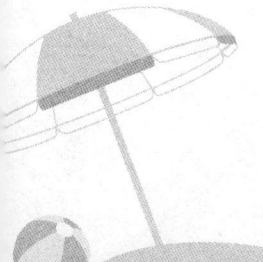

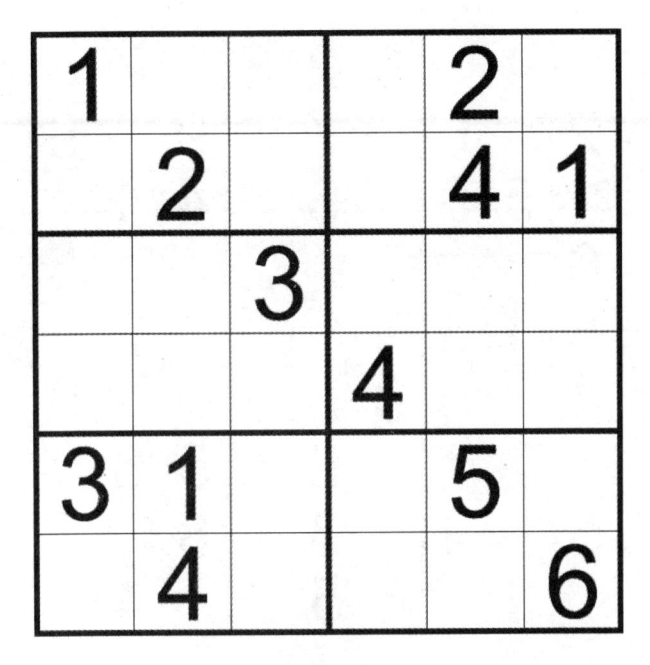

1				2	
	2			4	1
		3			
			4		
3	1			5	
	4				6

（003）

		1			
			2		6
1				3	
	4				1
3		5			
			6		

（004）

	4		5	2	8		7	
2		6		7		9		8
	5	8		6		4	1	
6			7		2			5
3	1	5				7	2	4
4			3		5			9
	2	7		8		5	6	
5		4		3		8		7
	9		6	5	7		4	

（005）

					4	8	7	6
	5	6			7			3
	8		9		3			4
		5		9		7	6	2
			3		6			
6	4	9		7		3		
9			6		1		4	
5			8			6	1	
1	6	4	7					

（006）

U8组　第2轮——综合数独

(007)

(008)

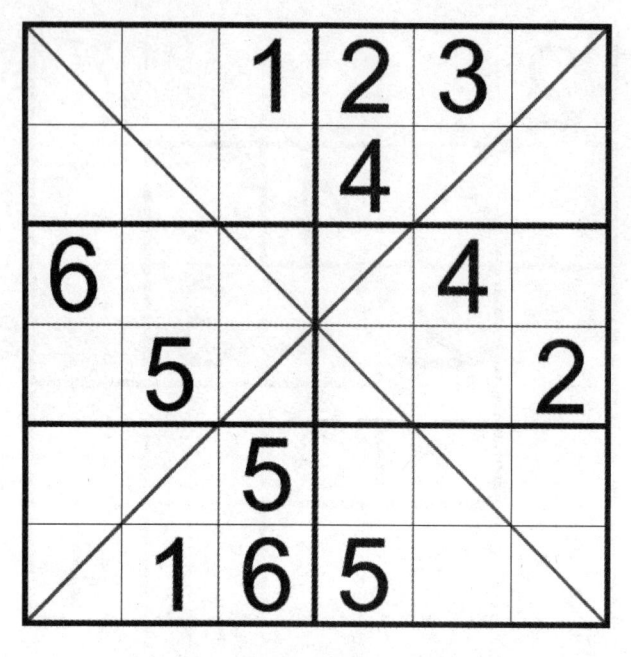

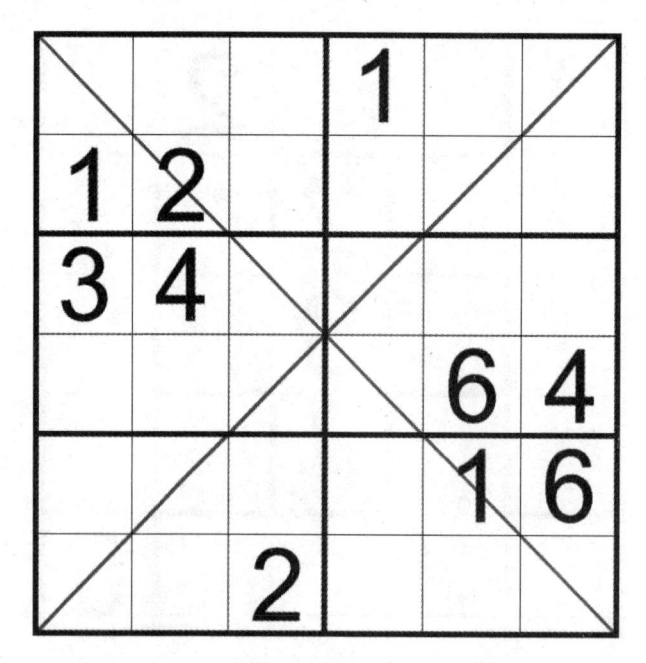

		1	2	3	
			4		
6				4	
	5				2
		5			
	1	6	5		

（009）

			1		
1	2				
3	4				
				6	4
				1	6
		2			

（010）

9	8	3	2		7		1	
4						2	9	7
7			5	9	4		8	
8		9		5		4		1
		4	8		2	9		
2		5		4		3		8
	6		3	7	5			9
3	4	7						2
	9		4		1	7	3	6

（011）

		4	1	2	5	9		
	3						6	
1			8		6			4
2		5		7		3		1
3			2		9			7
4		7		1		2		8
9			3		7			2
	2						7	
		6	5	8	2	4		

（012）

U10 组 第 1 轮——标准数独

4		1			
			1		2
	1			6	
	3			2	
3		5			
			3		6

（013）

		3		2	
4			1		
				3	6
6	3				
		6			5
	5		3		

（014）

2				3	
			2	5	
		6			
			4		
	4	3			
	6				1

（015）

			2		4
2	1				
3					1
4					6
				4	5
5		3			

（016）

	2	3	8		5	6	9	
7				4		3		8
1	8		6		3			4
8		6		3		7		5
	9		7		4		6	
3		7		2		8		9
2			1		8		7	6
6		8		9				1
	5	1	3		7	4	8	

（017）

		8	4		1	3		
	6			8			9	
9		4	6		5	7		2
8		9		1		6		4
	4		3		9		5	
5		2		4		9		7
4		1	9		3	8		6
	8			5			2	
		7	1		8	5		

（018）

			9	3	5		4	
		3				2		9
	6			4	1		3	
9			7		4	3		6
6		5				4		1
1		4	3		6			2
	8		4	9			6	
2		1				7		
	9		1	7	8			

（019）

5	1	6		3				
			6		2		3	
3		7				9		4
			7	9			4	
6		8				2		1
	9			8	6			
8		3				5		9
	5		3		8			
				6		8	7	3

（020）

U10组 第2轮——变型数独

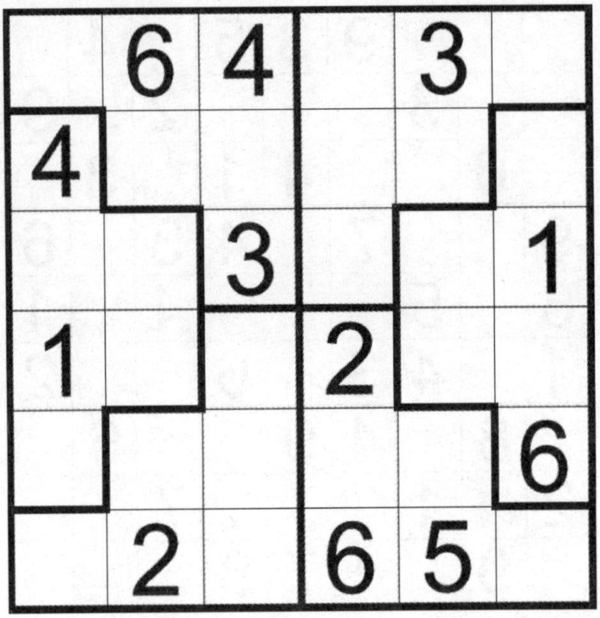

(021)

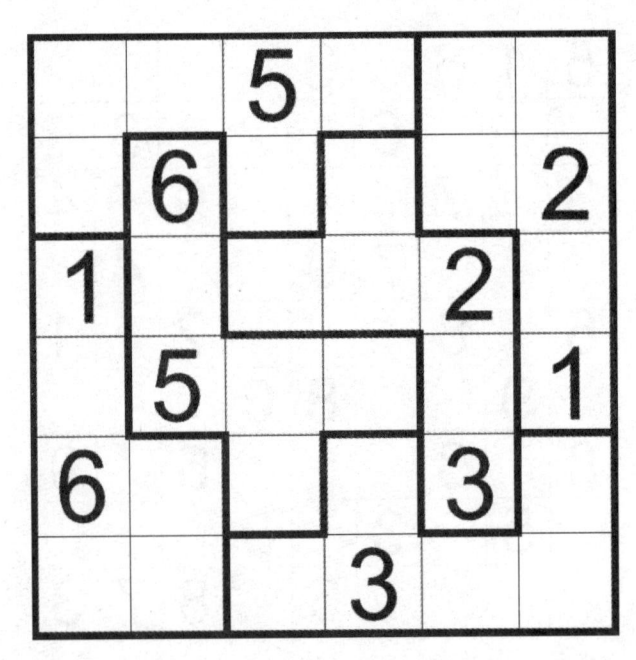

(022)

(023)

(024)

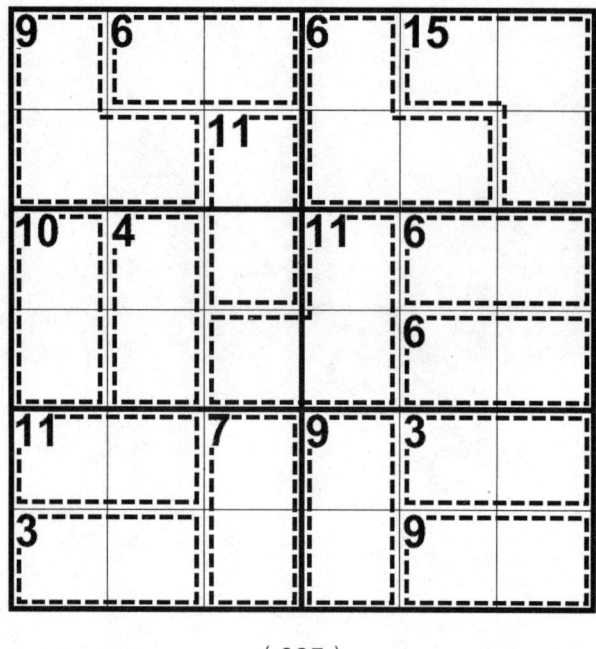

(025)

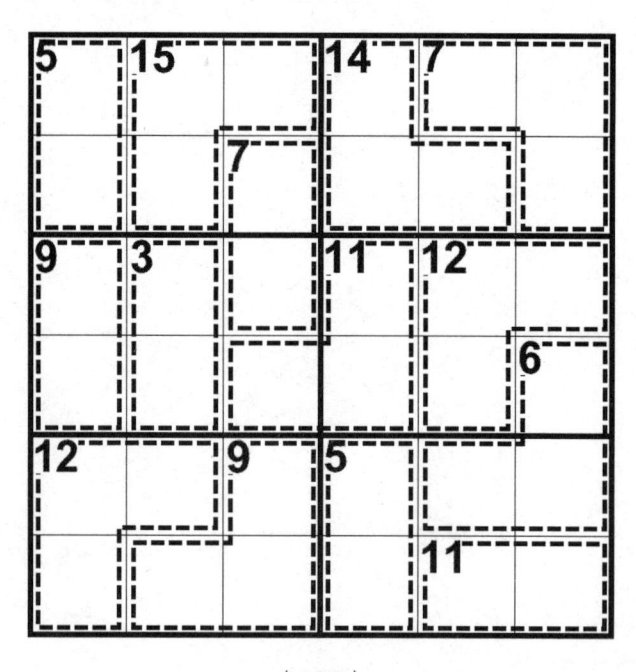

(026)

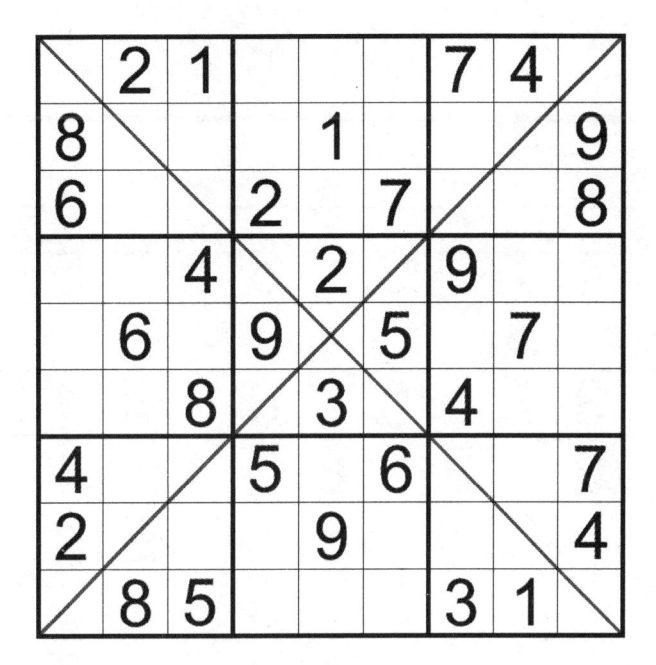

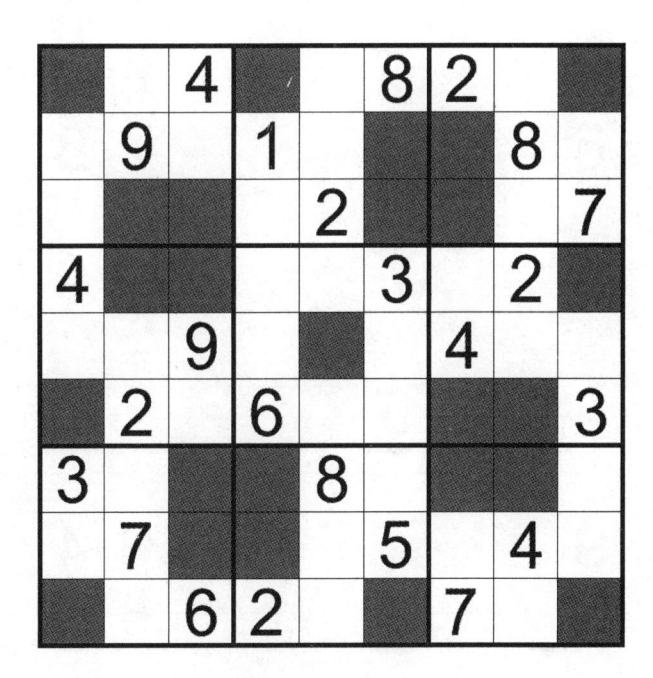

	2	1				7	4	
8				1				9
6			2		7			8
		4		2		9		
	6		9		5		7	
		8		3		4		
4			5		6			7
2				9				4
	8	5				3	1	

（027）

■		4	■		8	2		■
	9		1		■	■	8	
	■	■		2	■	■		7
4	■	■			3		2	■
		9		■		4		
■	2		6			■	■	3
3		■	■	8		■	■	
	7	■	■		5		4	
■		6	2		■	7		■

（028）

U12组　第1轮——标准数独

			2		5			
	4						8	
9		7		6		5		3
4	1		9		8		7	5
	5						9	
8	7		3		6		4	1
2		3		8		1		4
	6						3	
			5		3			

(029)

	8		2		7		4	
6	4						7	8
		3		4		1		
8			7		2			9
	7					2		
2			5		3			7
		1		7		9		
9	2						6	4
	7		9		6		8	

(030)

	2		3			6		7
7	6	3						
	1				5			2
2				5		4		
			9		4			
		6		3				5
1			7				6	
						1	9	3
3		4			6		2	

（031）

1		4				9		5
			4	8				
5					9			7
		8	7		3		9	
	3						5	
	7		8		2	1		
8			9					4
				6	8			
2		1				3		6

（032）

	1			7		9		
9						8		
	4			6				
			2		1			3
4		3				6		1
7			6		9			
				1			2	
		2						5
		7		9			3	

（033）

2			5			9	4	
				9			7	
		1				2		
	6				8		2	
			7		1			
	5		9				1	
		6				5		
	3			1				
	4	9			5			3

（034）

U12组　第2轮——变型数独

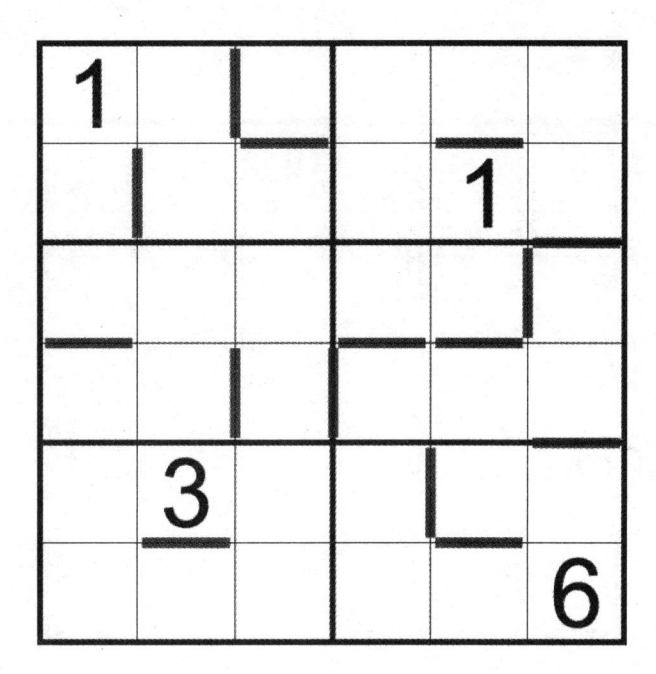

（035）

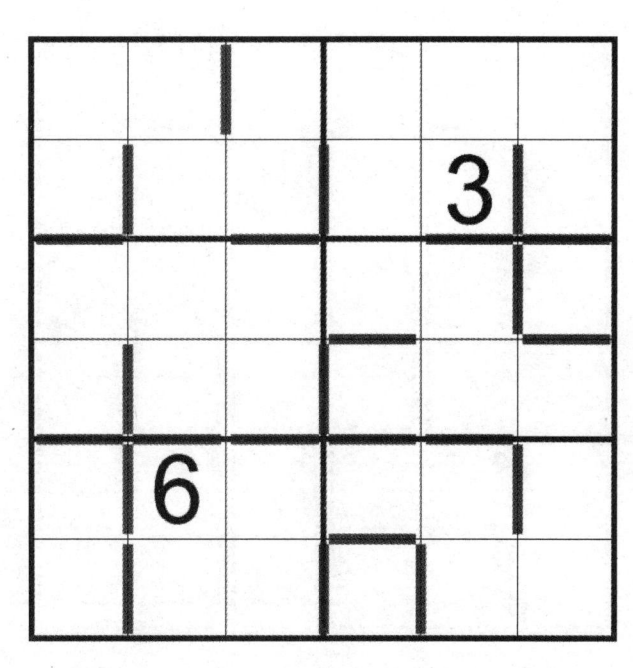

（036）

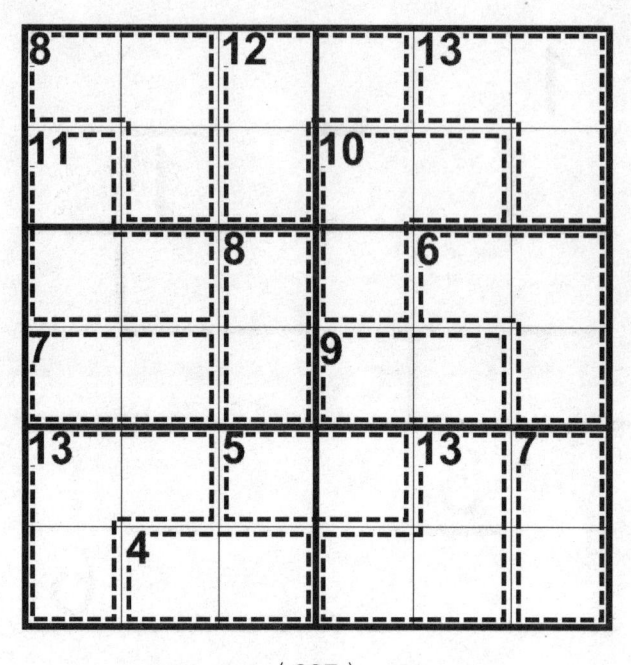

(037)

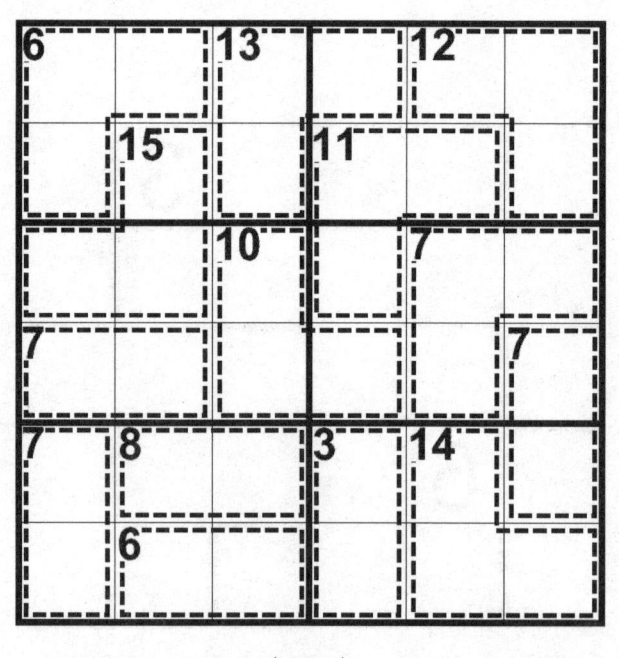

(038)

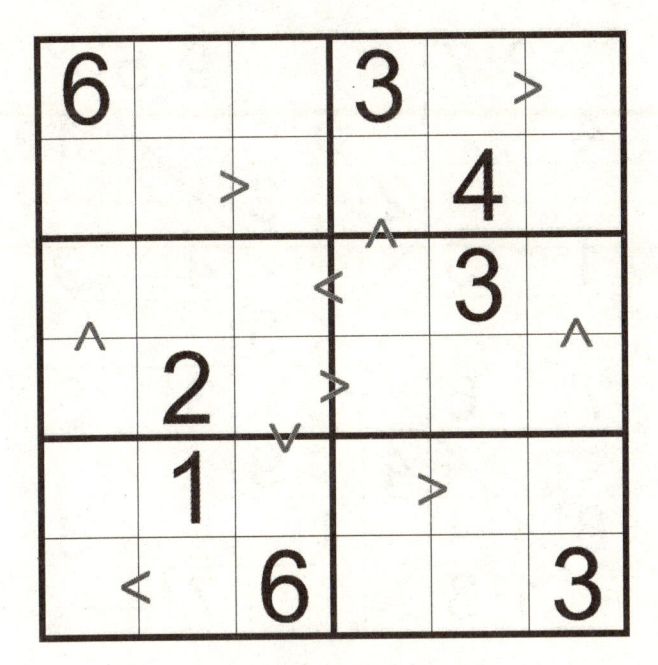

(039)

(040)

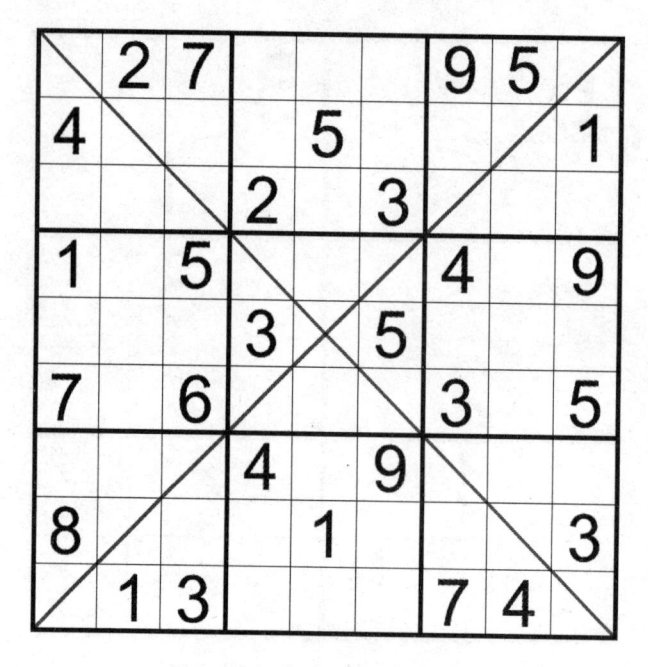

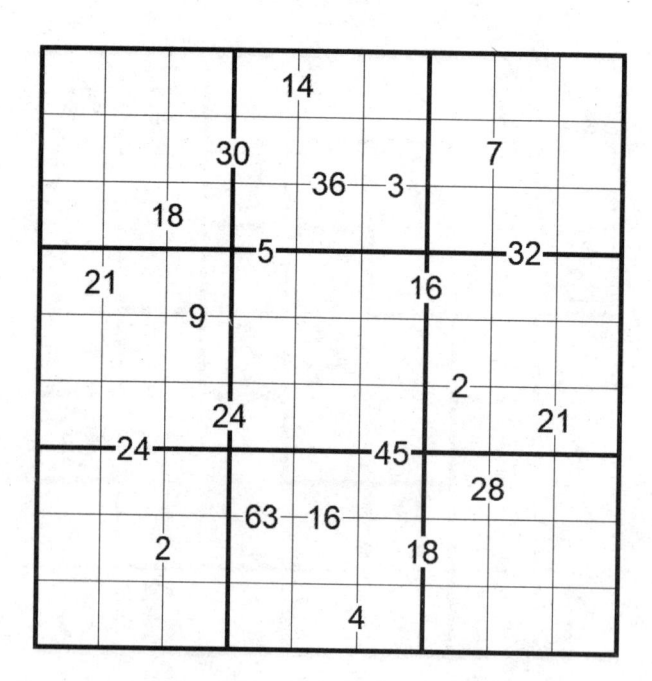

	2	7				9	5	
4				5				1
			2		3			
1		5				4		9
			3		5			
7		6				3		5
			4		9			
8				1				3
	1	3				7	4	

（041）

（042）

U18组　第1轮——标准数独

	3			6			5	
6	4					1		3
	2		3		4		9	
		1		7		6		
5			1		6			4
		8		3		9		
	4		9		5		7	
9		7				8		1
	1			4			6	

(043)

	5		8		1		2	
1		8				6		5
	2			4			3	
2			9		6			4
		4				2		
8			4		2			1
	9			6			1	
6		7				5		3
	8		1		3		6	

(044)

		1				3	2	4
				1	2			9
7		9						5
			7		8		5	
	8						4	
	9		2		1			
9						2		1
1			8	6				
8	3	5				4		

（045）

	6		8		2		4	
	4						6	
9			3		6			8
		3		8		5		
2								3
		6		2		4		
5			2		7			4
	3						7	
	1		6		4		5	

（046）

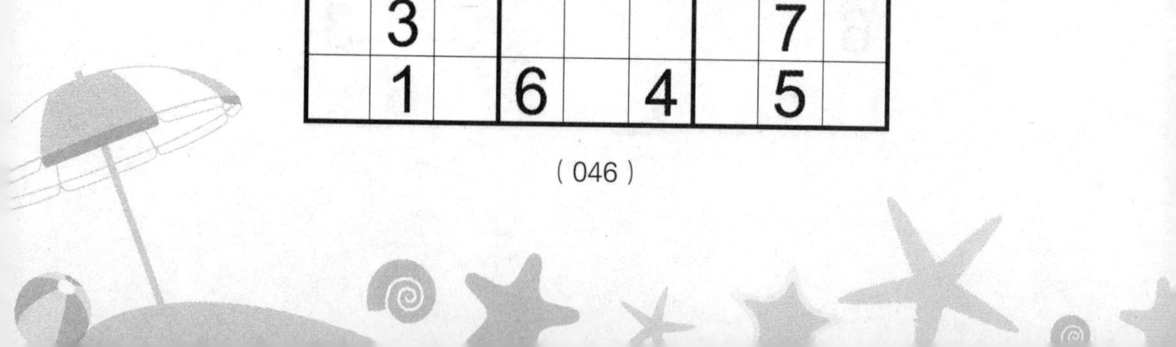

	2		4	8				
	3						7	1
	6			5				
					7			3
4		7				8		6
2			6					
				9			1	
5	4						3	
				1	2		8	

（047）

	8	1			6			
							6	9
	7	6			9			
3				5				
6		5				4		2
				2				5
			9			7	4	
7	4							
			1			5	3	

（048）

U18组 第2轮——变型数独

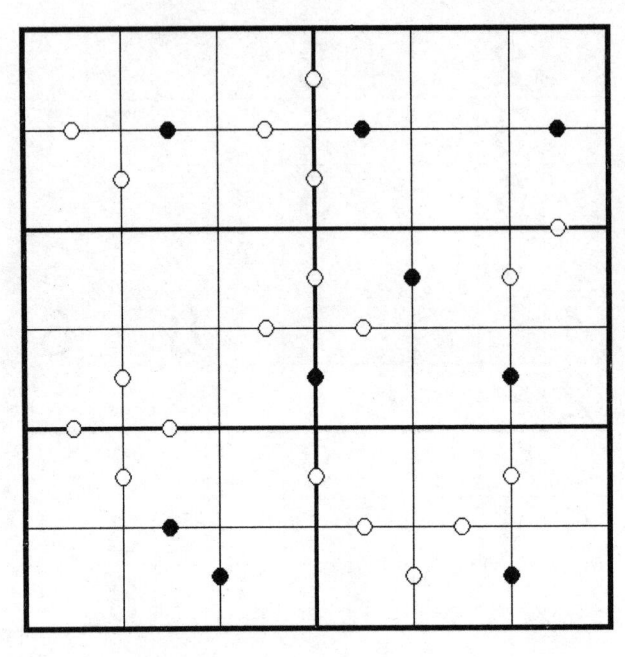

(049)

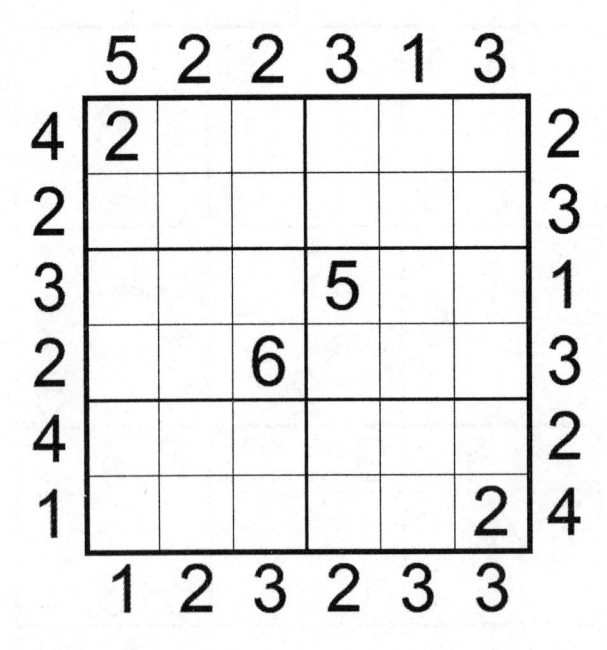

(050)

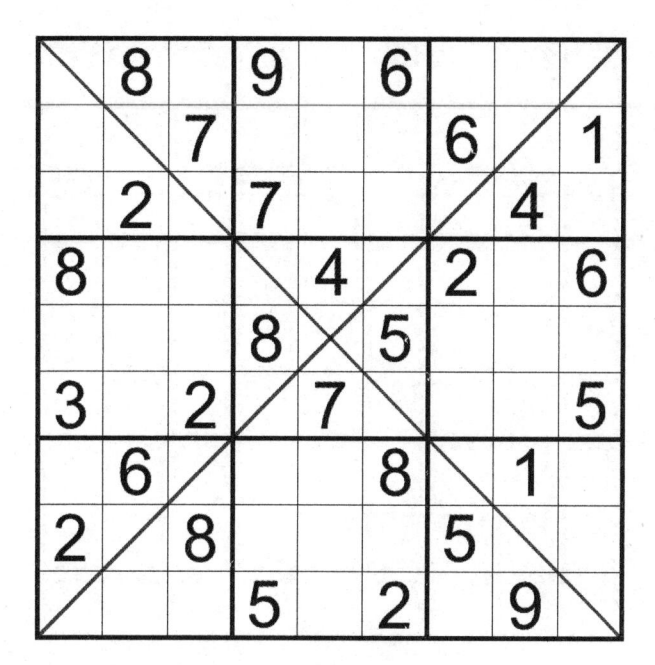

	8		9		6			
		7				6		1
	2		7				4	
8				4		2		6
			8		5			
3		2		7				5
	6				8		1	
2		8				5		
			5		2		9	

(051)

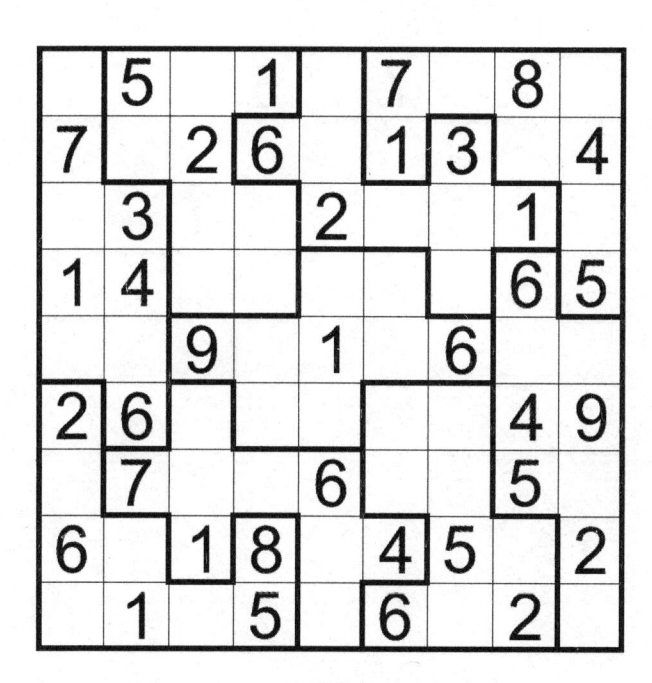

	5		1		7		8	
7		2	6		1	3		4
	3			2			1	
1	4						6	5
		9		1		6		
2	6						4	9
	7			6			5	
6		1	8		4	5		2
	1		5		6		2	

(052)

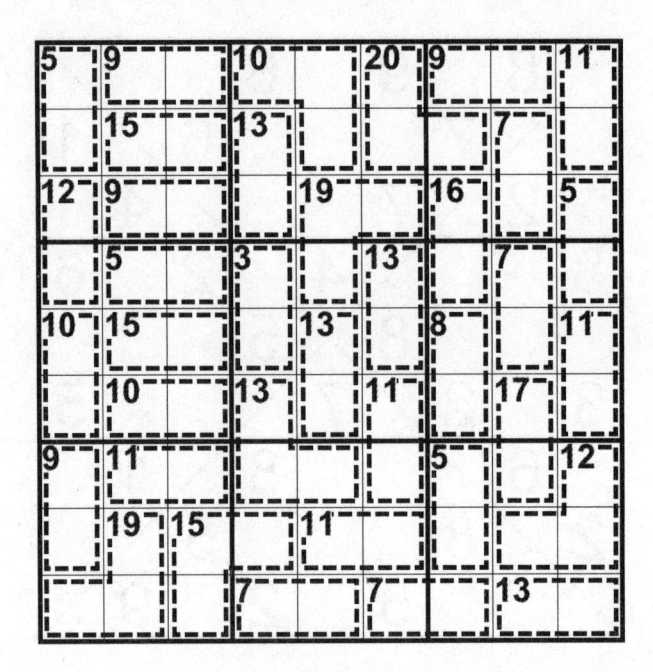

(053)

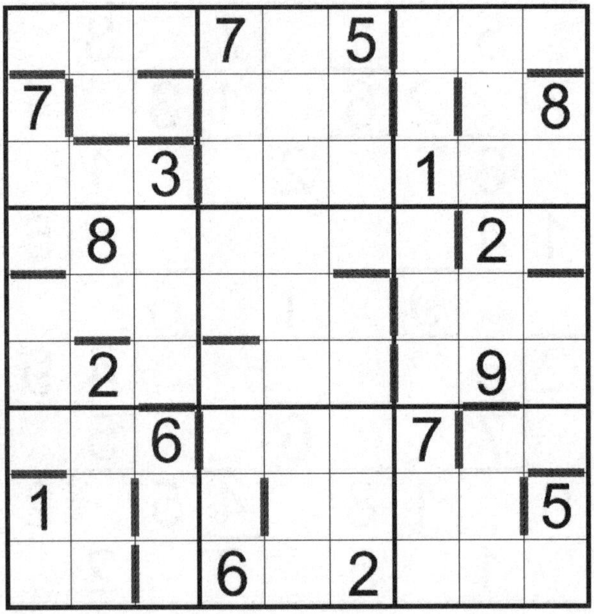

(054)

	9		4		7	5		
						9		7
7	8				2			
4				9				3
			8		3			
5				2				6
				6			2	1
9		2						
		7	2		8		9	

(055)

2018 全国青少年数独比赛
个人决赛

U8组　第1轮

		2	
3			
			2
	4		

(056)

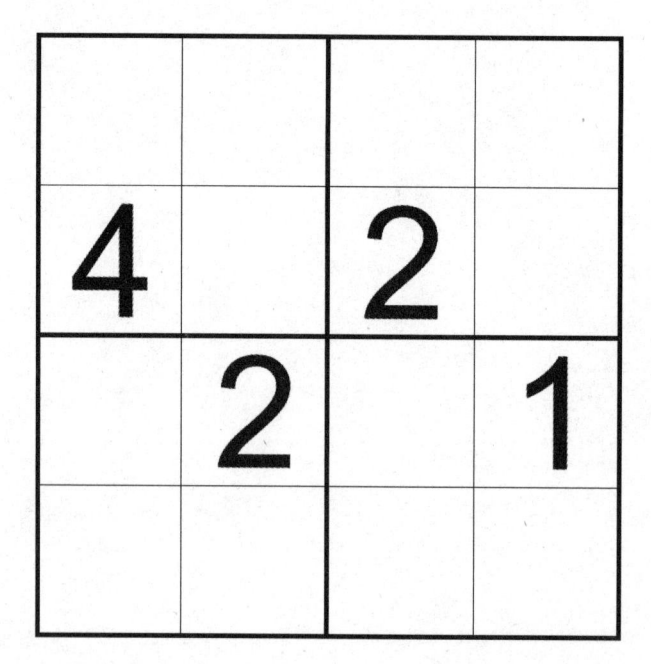

4		2	
	2		1

(057)

	6	4			
					5
		6	3		2
2		5	6		
3					
			5	2	

(058)

4				5	
				1	3
		6			
			3		
5	6				
	4				1

(059)

	8	1		6		7	3	
4								8
3			5	7	8			4
		9	8		6	3		
8		6				2		1
		4	1		7	8		
1			2	9	4			3
9								7
	4	8		3		1	2	

（060）

	5	9		6		8	4	
			9		4			
	6	7				9	5	
6			5		7			9
2								8
8			6		2			3
	1	4				2	8	
			8		9			
	3	8		2		7	9	

（061）

	4		3		9		1	
9				5				6
		6		8		3		
6			8		7			5
	2	5				8	4	
8			5		4			1
		7		1		6		
2				4				9
	6		9		3		2	

（062）

			2	1	5			
		6				9	2	
3						8		1
					9		4	2
7	6						9	8
2	3		6					
6		8						3
	7	2				1		
			9	2	8			

（063）

U8组 第2轮

				3	
3		5			
				1	4
1	5				
			2		3
	6				

（064）

	4		6		
3	6				
					4
6					
				2	3
		5		1	

（065）

4		2			
					6
				1	
	5				
2					
			3		5

(066)

3					5
			6		
4	2				
				1	4
		6			
2					3

(067)

		7	8	3	5	6		
		1				3		
3	9						5	7
6				4				5
9			2		6			4
1				8				6
7	6						2	3
		9				4		
		8	4	7	9	5		

（068）

		2		6		8		
	9						5	
4			7	9	2			1
		9	3		8	2		
2		7				3		6
		1	6		7	5		
9			1	5	6			7
	7						2	
		4		7		9		

（069）

8		3			9			1
				8	4	6		
	6	2				8		3
2	3			9				
	1		2		5		8	
				4			3	9
6		1				3	7	
		7	4	1				
3			7			1		2

(070)

		6	4		8			
			6			1	4	
3		1					7	
8	7			2				5
			1		9			
5				8			2	6
	8					2		4
	3	5			7			
			8		2	3		

(071)

U8组　第3轮

5		1			
				4	
3					6
1					5
	6				
			3		4

(072)

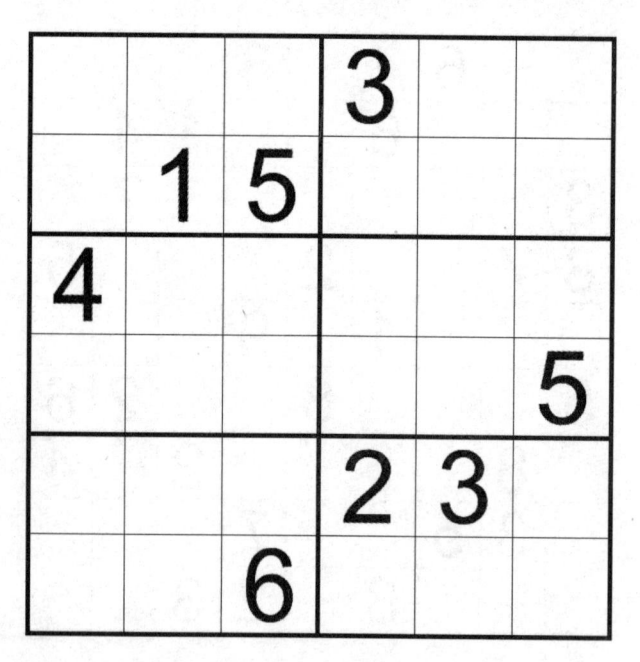

			3		
	1	5			
4					
					5
			2	3	
		6			

(073)

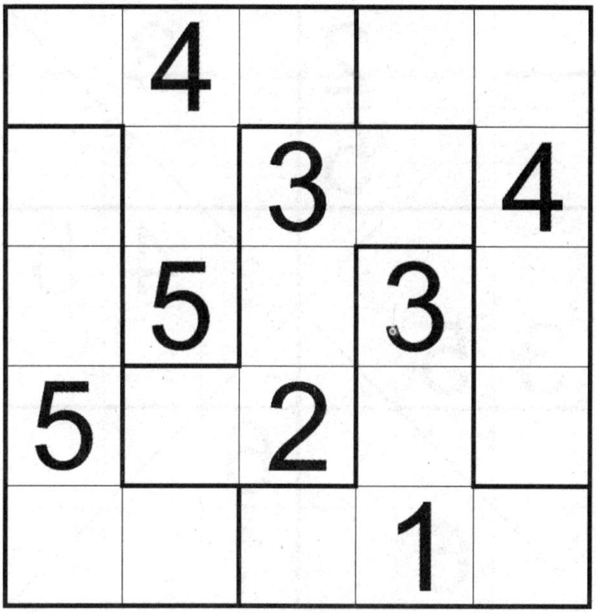

(074)

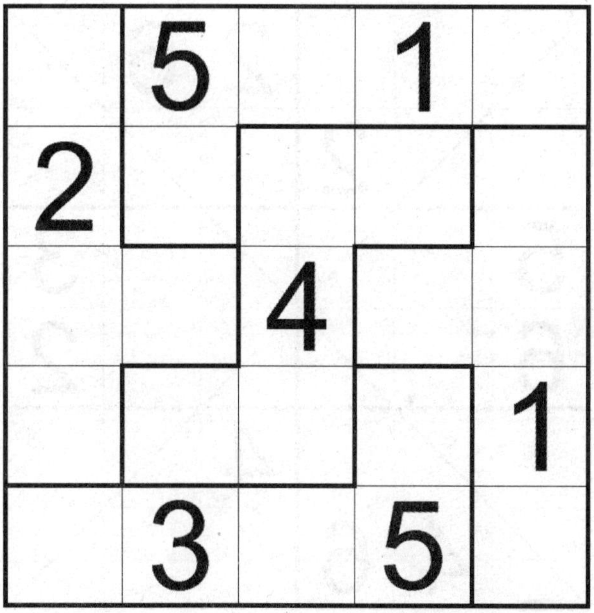

(075)

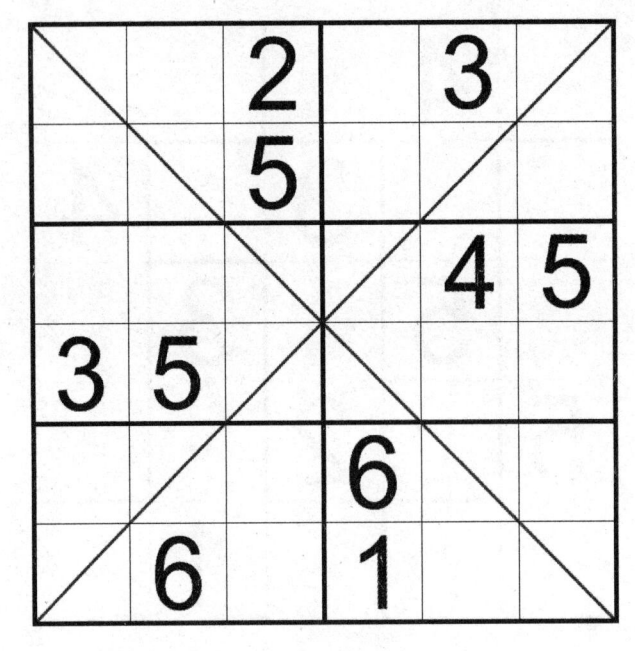

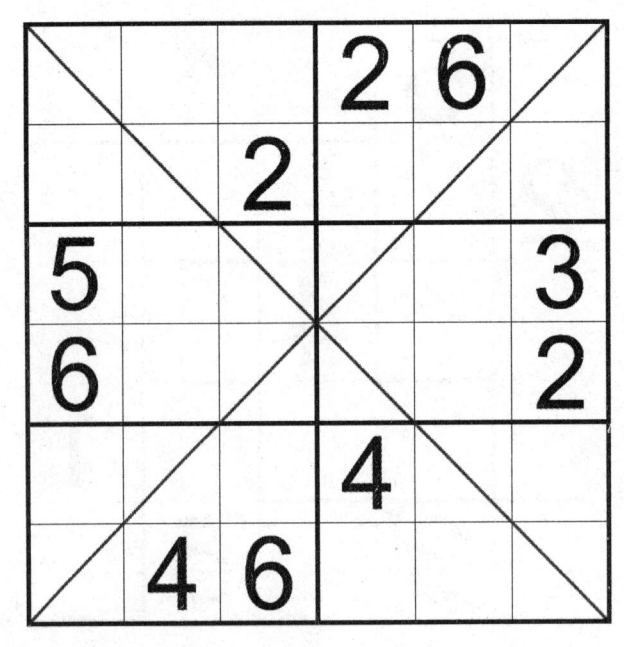

		2		3	
		5			
				4	5
3	5				
			6		
	6		1		

（076）

			2	6	
		2			
5					3
6					2
			4		
	4	6			

（077）

	3		7		5		9	
7		6				3		5
	5			3			4	
2			1		3			8
		7				1		
4			8		7			9
	4			5			7	
1		8				9		3
	7		3		6		1	

(078)

6			7			8		
8			2	6	1			
2						4		1
	8		5		6			
		3				6		
			9		3		5	
5		7						6
			4	1	9			7
		4			7			3

(079)

U8 组 第 4 轮

				5	
		5			
1			6		2
6		3			1
			1		
	3				

（080）

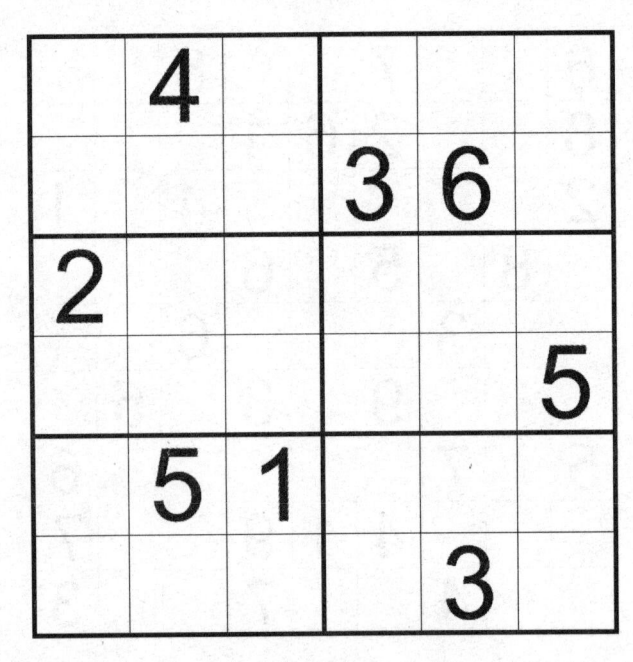

	4				
			3	6	
2					
					5
	5	1			
				3	

（081）

		3	1	
3				
1				2
				1
	1	4		

(082)

	3			1
	4			
		4		
			5	
4			3	

(083)

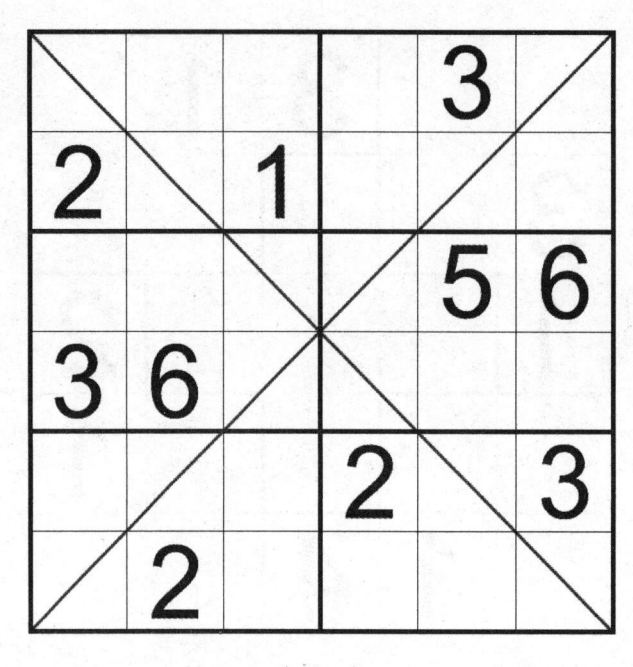

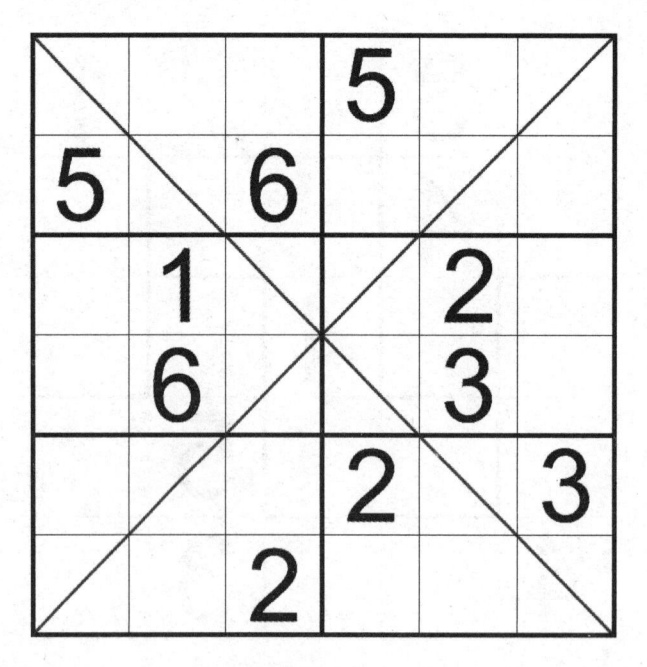

				3	
2		1			
				5	6
3	6				
			2		3
	2				

（084）

			5		
5		6			
	1			2	
	6			3	
			2		3
		2			

（085）

	9					4		3
1			7		3			
			9		4	2		1
	6	8		4		1	9	
			5		6			
	5	7		8		3	4	
5		2	6		8			
			1		9			7
7		9					6	

（086）

	7					1		8
		9			7			
6	8			4		3		
9					1			4
	3		4		9		8	
1			8					7
		1		6			5	3
			7			4		
7		2					9	

（087）

U10 组　第 1 轮

			4		
6	2				
			1		3
3		1			
				2	1
		5			

(088)

5				6	
		3		1	
			2		
		2			
		5	4		
		2			1

(089)

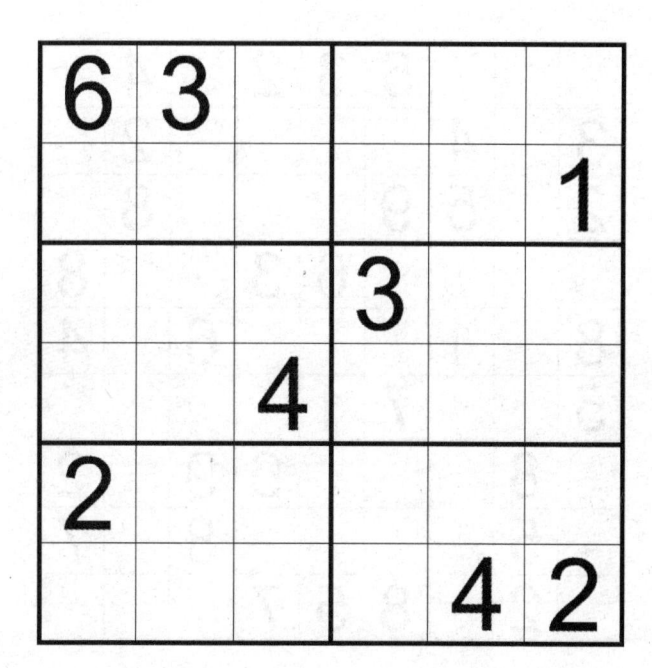

3		4			
			2		
				4	1
4	1				
		1			
			5		6

（090）

6	3				
					1
			3		
		4			
2					
				4	2

（091）

		3	2	5	6	9		
2			7		1			4
5		2		6		7		3
6			8		3			5
3		1		2		8		9
7			9		5			8
		8	1	3	2	6		

(092)

			5	3	2		4	
3		4					2	
2		5	9				8	
				6	3			8
8		1				6		4
5			7	1				
	8				6	9		2
	5					8		7
	2		8	5	7			

(093)

6			8	4				
			6			5	9	
7		5				8		
	5				6		8	
4	3						1	2
	8		1				3	
		8				4		1
	6	9			1			
				2	8			9

(094)

7		5					8	
			6	5				
8		6				3	4	
				2				9
3								8
5				4				
	7	3				1		2
				3	1			
	8					6		7

(095)

U10 组 第 2 轮

	4	3		9			5	
2	9					3		7
	3		1		7		2	
1		2		4		5		8
			2		1			
3		4		9		2		1
	2		9		4		1	
9		5				8		4
		6		5	8		9	

(096)

		8	4	5	1	2		
	1						4	
4				8		7		1
1		6		2		5		7
5			6		3			4
2		4		1		9		3
8				2		6		9
	2						3	
		1	5	3	9	8		

(097)

3		1		8				
			6	4		3		8
4		2				7		
	3				8		7	4
	4		1		5		3	
5	9		4				2	
		3				6		7
8		5		6	7			
				1		2		5

（098）

		2				8		
		8	9		6	1		
6	7			1			4	9
	5		3		7		2	
		4				7		
	9		1		2		6	
7	3			8			1	2
		5	6		1	3		
		6				4		

（099）

5					7			2
			2				1	7
7	8	2			9			
				1		3	2	
		4				1		
	3	7		4				
			9			6	8	3
3	6				5			
8			6					1

（100）

	5		4	3		2		
			9			7		4
3	4				7			
		1					6	7
5								1
7	3					5		
			2				9	3
1		8			3			
		3		9	4		1	

（101）

9		2			4			5
				3			2	6
3		6			1			
	3					4	9	
			7	8	3			
	5	1					8	
			4			5		8
5	2			7				
4			1			2		7

（102）

4							1	
6	7		9	5				
				8				9
	6				3	8		
	9	5				7	6	
		8	6				2	
8				3				
				7	2		5	8
	2							6

（103）

U10 组　第 3 轮

			3		
	6				
			6		5
3		1			
				4	
		2			

（104）

	5		6		
					3
3					
					2
4					
		6		5	

（105）

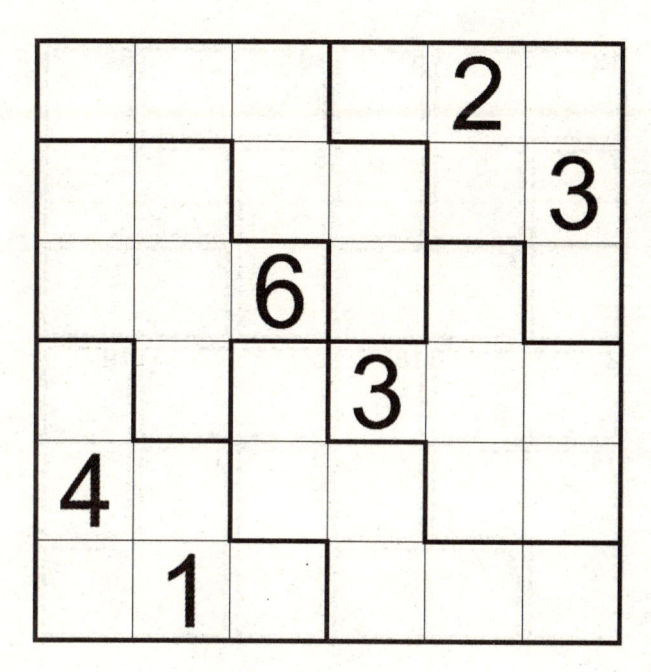

(106)

(107)

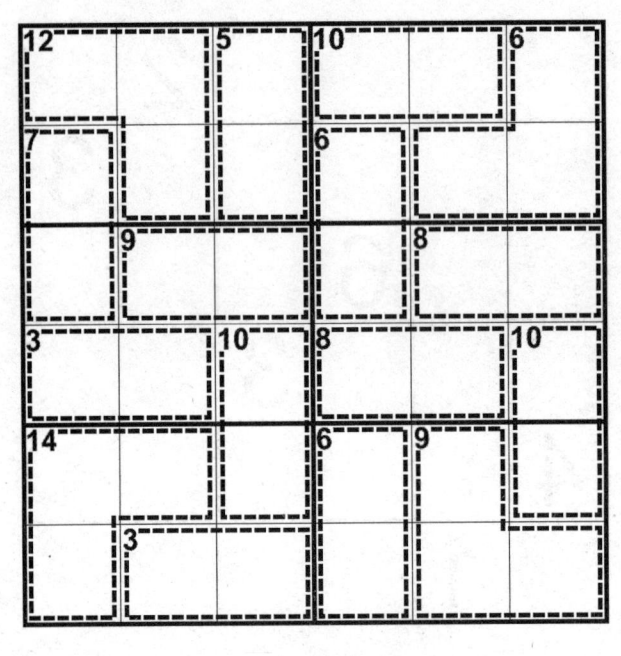

(108)

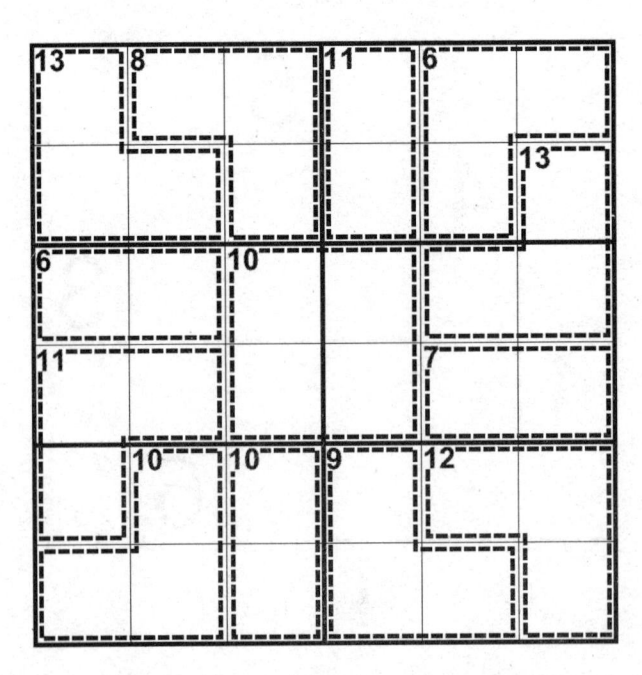

(109)

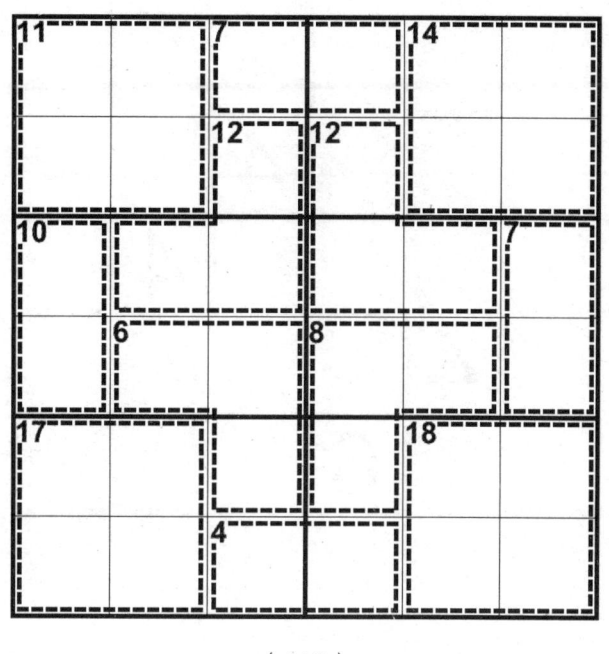

(110)

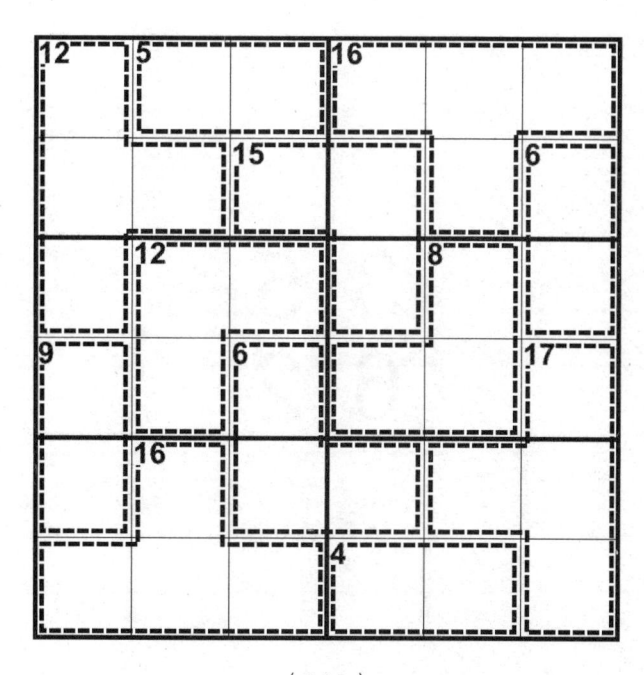

(111)

U10组 第4轮

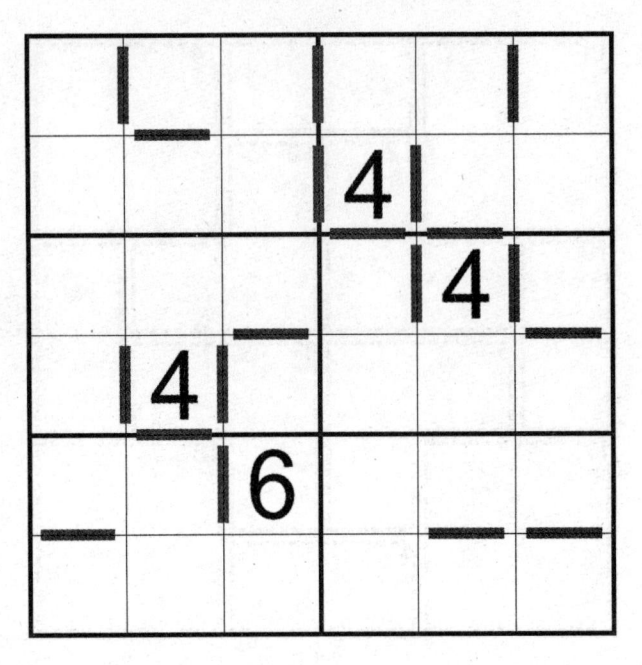

(112)

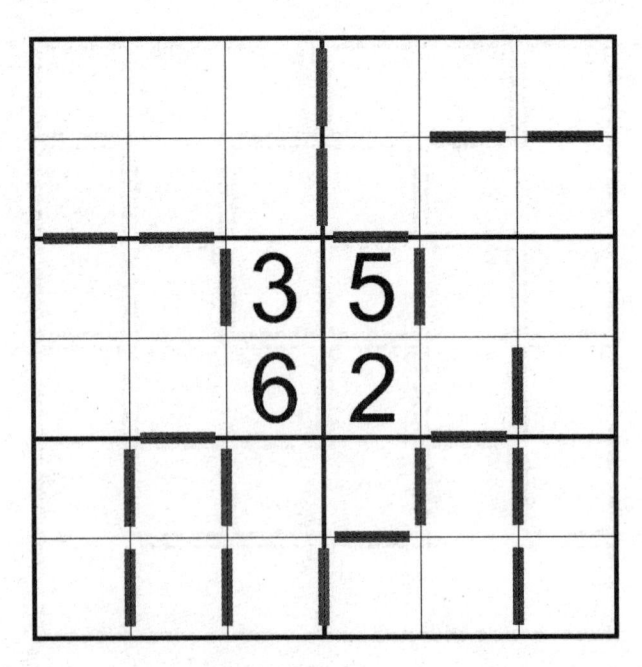

(113)

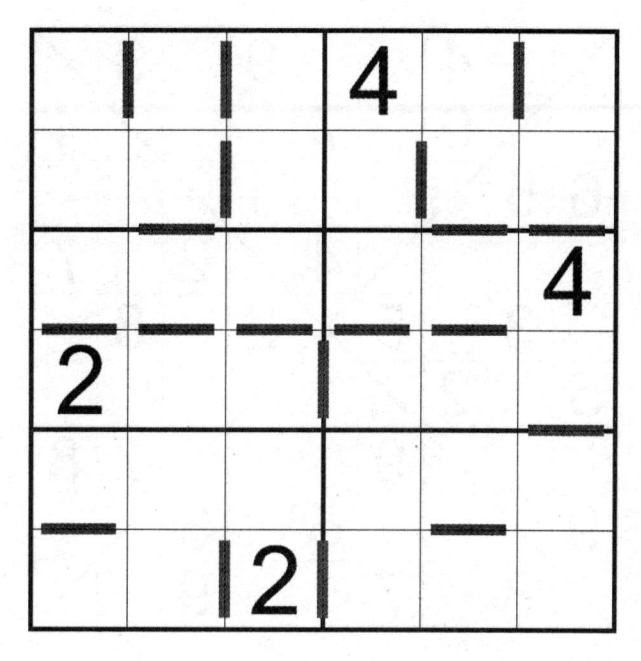

(114)

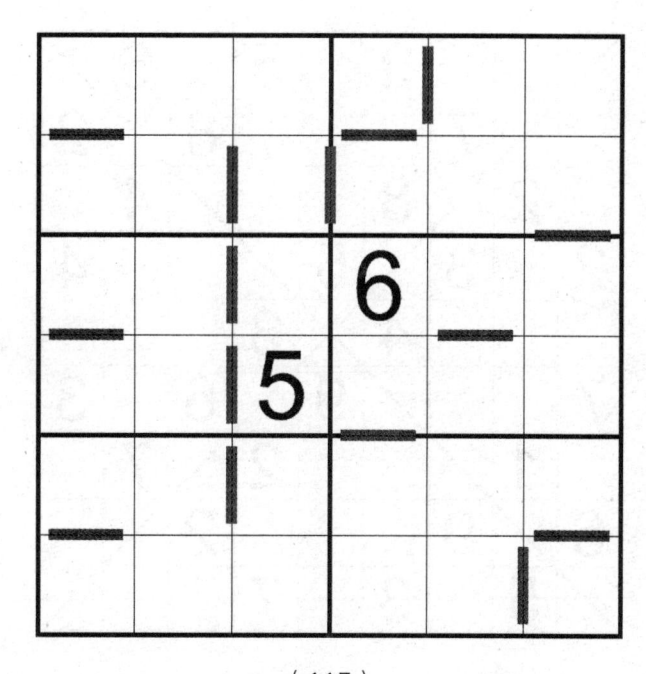

(115)

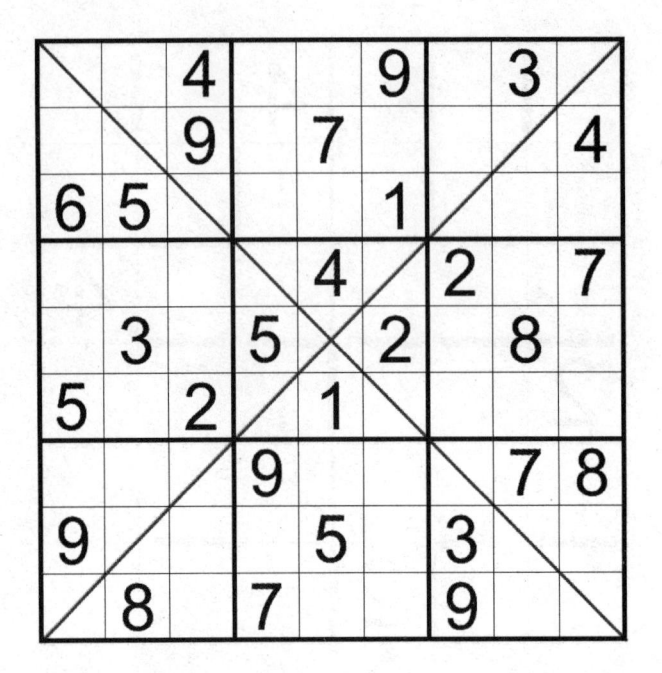

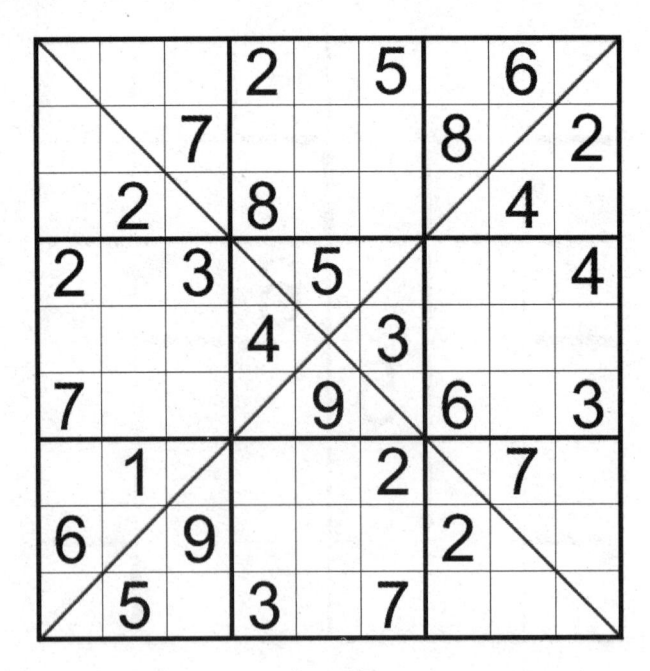

		4			9		3	
		9		7				4
6	5				1			
				4		2		7
	3		5		2		8	
5		2		1				
			9				7	8
9				5		3		
	8		7			9		

（116）

			2		5		6	
		7				8		2
	2		8				4	
2		3		5				4
			4		3			
7				9		6		3
	1				2		7	
6		9				2		
	5		3		7			

（117）

		8	1		6	4		
	1						6	
6		7				2		1
7				3				4
			7		1			
5				9				6
1		4				9		3
	3						4	
		5	9		3	6		

（118）

			3		8			
	2			6			8	
			2		1			
6		2	4		7	3		8
	3						9	
9		8	6		5	4		2
			7		6			
	8			2			6	
			1		3			

（119）

U12组 第1轮

		8		6	5		9	
		2		3		4		7
3	1						2	
			5		9			6
9	3						1	5
8			7		3			
	8						6	4
5		3			8		9	
	7			6	5		1	

(120)

	1	6					3	
9		7			2		5	
				9		1	6	4
2		1		3		6		
			6		7			
		8		4		3		7
7	8		4		3			
	2			8			4	3
	3					8	7	

(121)

	6	2		3		4	1	
7			8		9			5
5								3
	7		9		1		6	
3								8
	9		3		8		4	
9								6
6			7		2			4
	5	4		8		2	9	

(122)

9	5		6			7		
3				9	2			
		7				4		9
7			3	2		9		
	4		1		8		7	
	1			7	9			5
1		6				2		
			2	3				1
		2			7		4	3

(123)

	3	6		2				
	2						4	9
			8		7			3
		8		1		2		
3			6		9			8
		9		8		3		
6			2		5			
7	5						6	
				9		7	1	

（124）

	3		6		9		4	
6		8						2
	5		7		1			
7		4				5		3
3		6				1		8
			2		7		8	
2						6		1
	6		5		4		9	

（125）

U12组 第2轮

	6					8	3	
2					1	6		
1		5		7		9		6
	4		9		5			
	6	2				4	9	
			3		4		8	
8		9		4		7		2
			7	5				9
		5	1			6		

(126)

		7	5		1	4		
	1			4			9	
8		3				6		1
9				5				7
	8		2		7		6	
7				6				2
5		8				9		6
	7			9			8	
		9	7		6	1		

(127)

			9	5	4		2	
		2					9	7
	3	4		7				
5			3		8			9
4		3				8		1
6			5		9			2
				8		6	1	
7	1					9		
	8		1	9	5			

（128）

7		1				3		6
		5	6		3			
3			4				9	1
	1			4		8	6	
			2		6			
	7	6		8			4	
1	3				4			8
			3		8	9		
6		2				4		5

（129）

			9		3	6		
		2		1				
4				2	8		3	
2		3						7
	8	6				2	4	
5						8		9
	6		8	5				2
				3		1		
		4	2		6			

（130）

		7		2	3			
5			7		4		6	
		4				5	7	
4	9			1				
		8				6		
				7			4	2
	6	5				4		
	8		4		9			6
			1	6		8		

（131）

Puzzle (132):

9	7					2		
			4	9	1			
8						3		
					6			4
	4		1		2		6	
2			3					
		3						1
			6	5	3			
		8				4		5

(132)

Puzzle (133):

	5		7		4		9	
3			1					8
		2				3		
8				7			2	9
			4	6	9			
9	3			2				4
		3				1		
6					3			5
	9		6		5		3	

(133)

U12组　第3轮

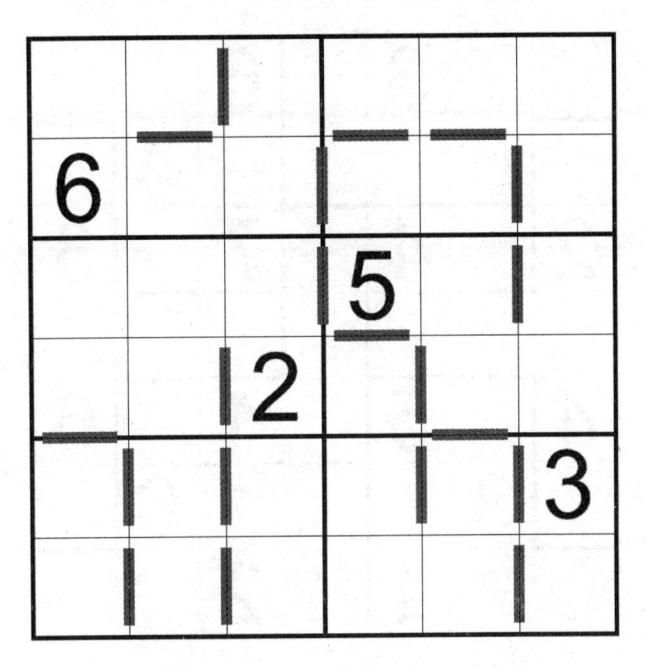

(134)

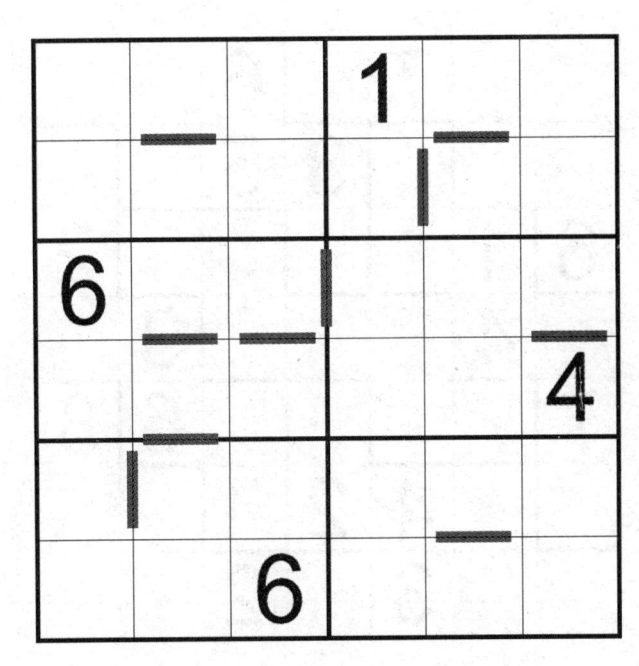

(135)

		3		6		
	6				4	
2		4		7		3
4		5		1		6
	3				6	
		1		2		

（136）

		7		6		
			3	5		
6	1					2
	4				3	
7					6	3
		4	2			
		3		2		

（137）

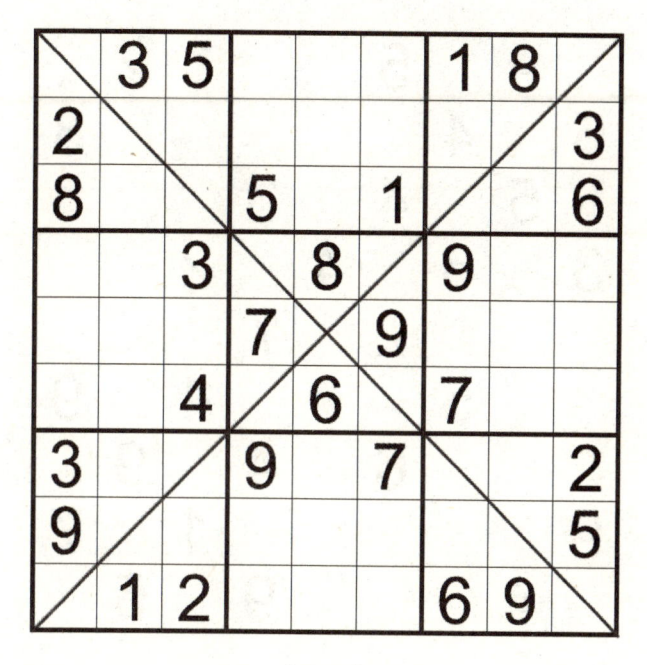

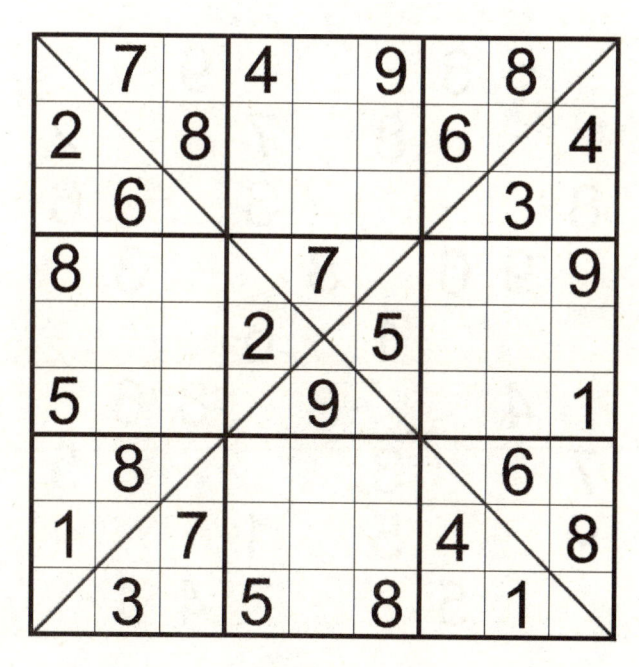

	3	5				1	8	
2								3
8			5		1			6
		3		8		9		
			7		9			
		4		6		7		
3			9		7			2
9								5
	1	2				6	9	

（138）

	7		4		9		8	
2		8				6		4
	6						3	
8				7				9
			2		5			
5				9				1
	8						6	
1		7				4		8
	3		5		8		1	

（139）

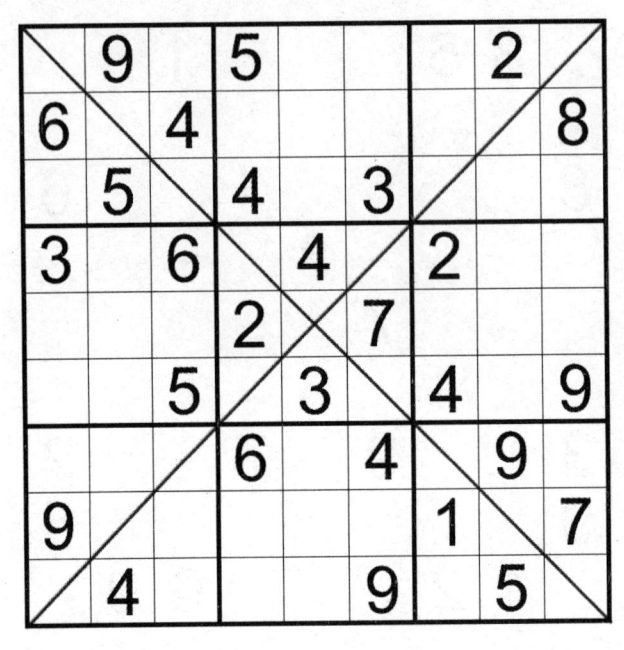

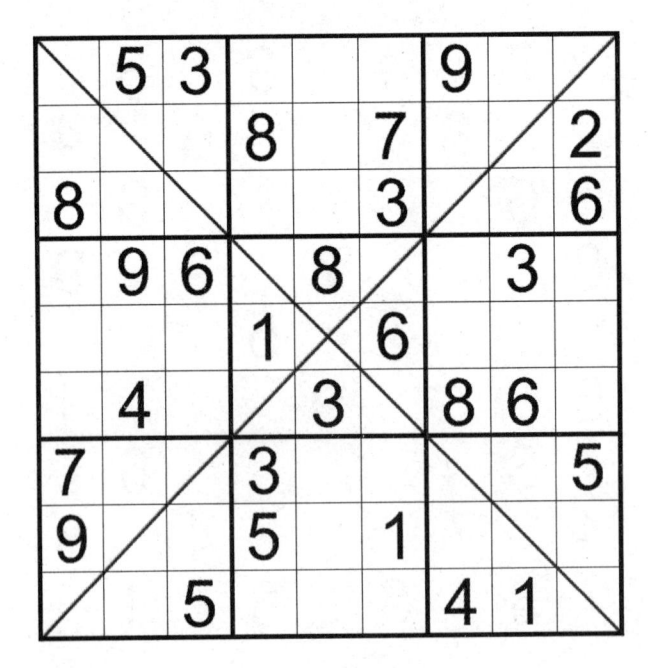

	9		5				2	
6		4						8
	5		4		3			
3		6		4		2		
			2		7			
		5		3		4		9
			6		4		9	
9						1		7
	4				9		5	

（140）

	5	3				9		
			8		7			2
8					3			6
	9	6		8			3	
			1		6			
	4			3		8	6	
7			3					5
9			5		1			
		5				4	1	

（141）

U12 组　第 4 轮

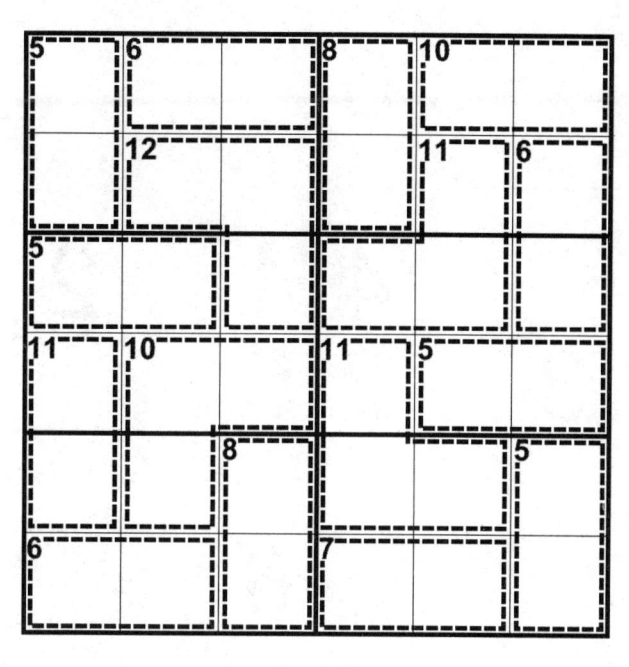

(142)

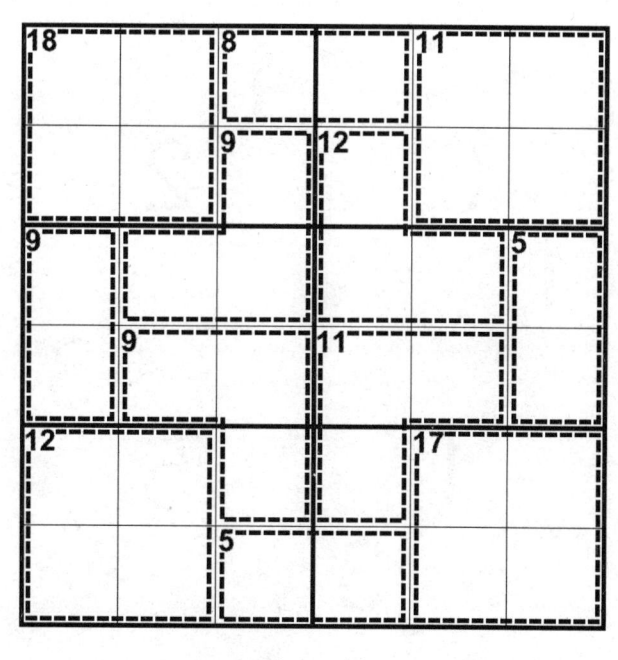

(143)

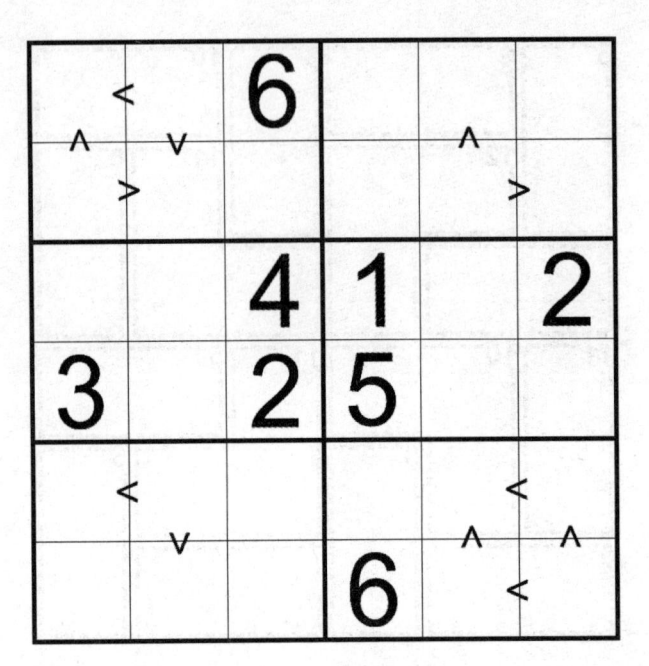

(144)

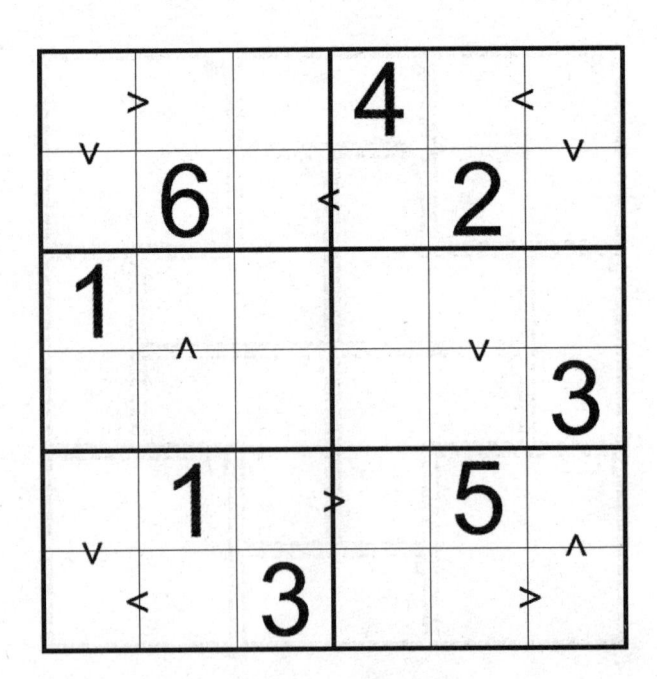

(145)

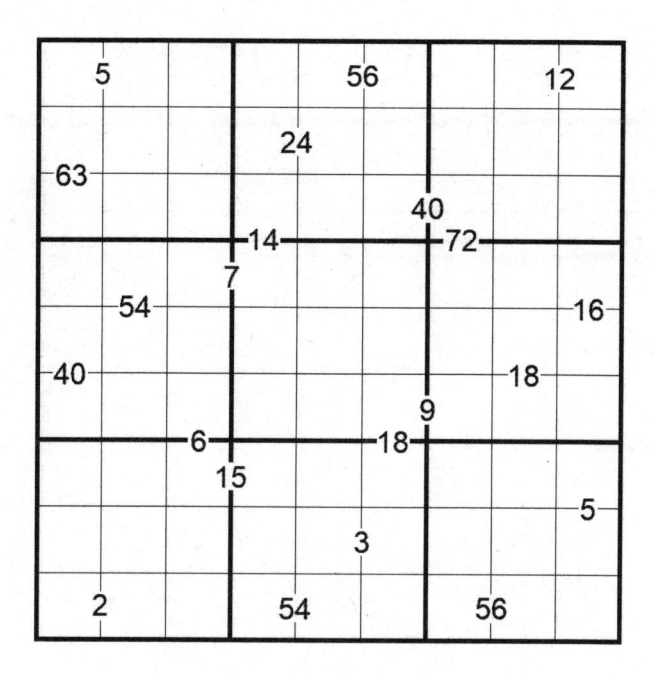

(146)

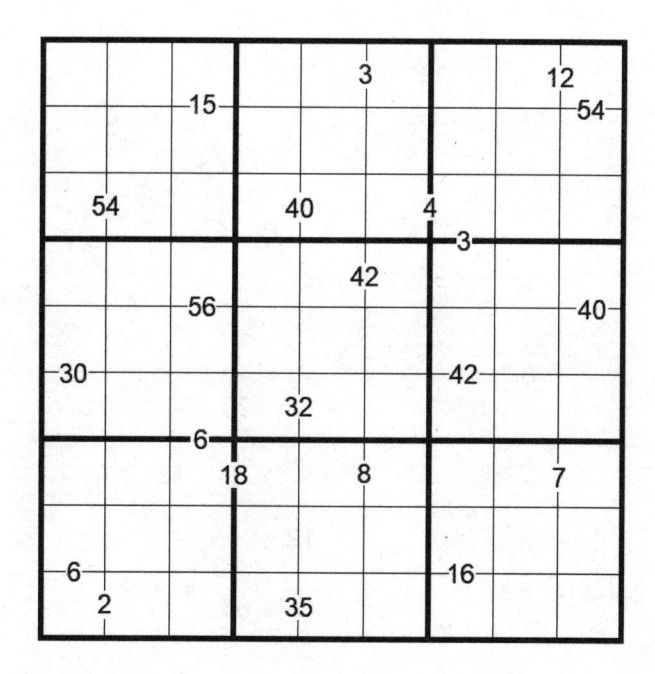

(147)

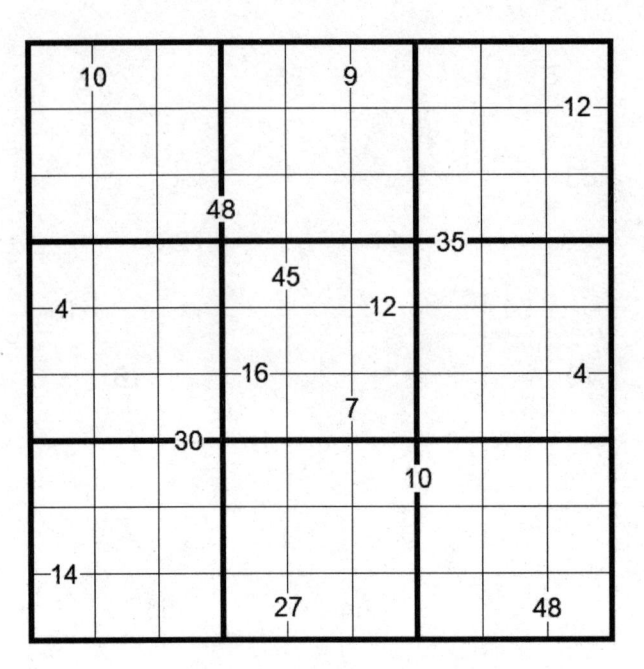

(148)

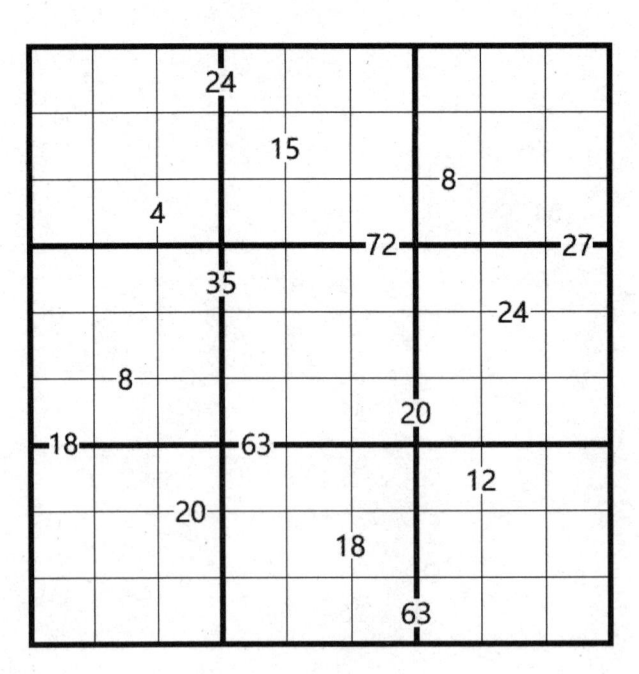

(149)

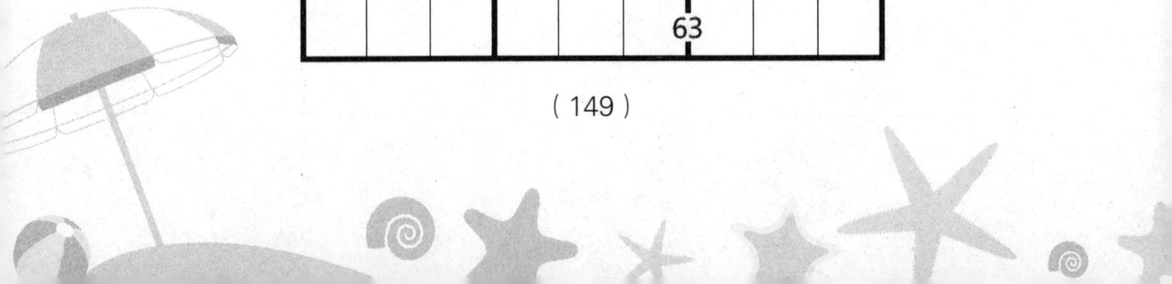

U18组 第1轮

				6		5		
7								
3				7	8	1		
8						7		3
	7			5	8		2	
	5	3				8	7	
	1		2	6			4	
1		6						2
			1	4	9			7
		7			6			8

(150)

				7		4		2
		8					5	9
		1			3		4	
2			4		9			6
		6				2		
4			3		6			5
	2			7			6	
8		9				1		
		7		9		8		

(151)

	1			6		8		7
2	6		9					
				2				6
	2		6		7			
4		6				1		3
			1		5		6	
9				7				
					2		3	4
3		5		1			9	

（152）

	4				9			
2		8				1		
	9			8			3	
			9		6			2
		4				7		
9			3		2			
	8			5			6	
		1				2		3
			7				5	

（153）

	5	7				4		
			9	7				5
6								3
			1		2		9	
	3						2	
	6		4		9			
1								2
7				8	4			
		2				5	8	

(154)

		7		4			3	
5			7		3			
		4				9		6
	9		5		4		1	
7								2
	4		3		7		8	
8		9				1		
			6		9			8
	6			5		3		

(155)

U18组　第2轮

	9		7		5			
	7						9	2
	1		3		2		5	
9	1		2			6		8
				9		4		
2		3			8		7	5
	3		4		7		8	
4	9					1		
				1		9		6

(156)

9	7			3	6			
				8	9			
8		5						1
			3		5		9	7
	4						6	
5	1		8		7			
3							4	9
				2	9			
			4	5			2	6

(157)

2018 全国青少年数独比赛 个人决赛

		4			5	1		
			8			7		
1	8				6			2
6		8		7			3	
			3		4			
	2			9		6		1
7				6			8	9
		2			1			
		6	4			2		

(158)

			3				5	
4	2	1					6	
				7	6		8	
	3			9				2
	9	4		3	5			
6				8		1		
	9		7	4				
	7					9	3	5
	5				8			

(159)

	8					3	9	
5				3				2
6			4					
			3		2	5		
	3						4	
		8	7		6			
					5			1
8				9				3
	6	9					7	

（160）

	7		4				9	
9						4		3
	2			6	8			
		6						2
		2				7		
1						9		
			5	8			1	
2		4						5
	8				2		6	

（161）

8						5		
			5	6	4			
		4						1
	2			1			7	
	9		4		7		5	
	4			8			6	
3						2		
			9	3	6			
		1						3

（162）

1					2			3
		6		5	3			
		4				2	9	
8	7			6				
	2		5		8		3	
				2			4	8
	6	3				9		
			7	4		3		
9			8					7

（163）

U18组　第3轮

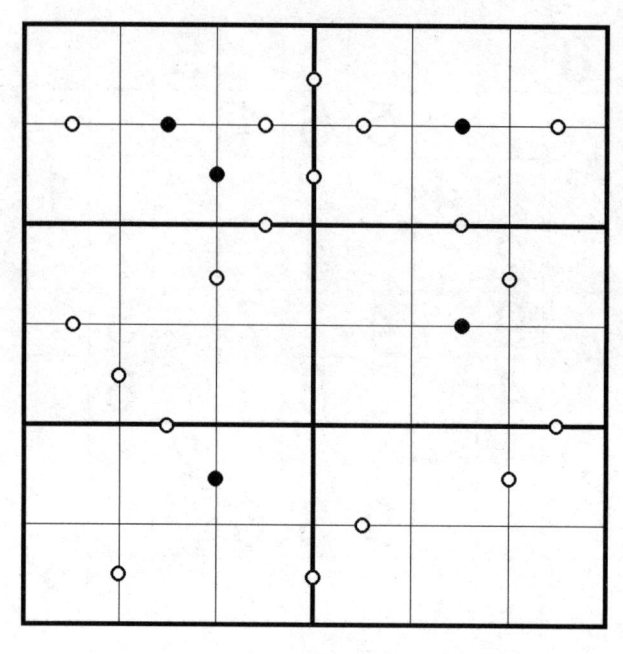

（164）

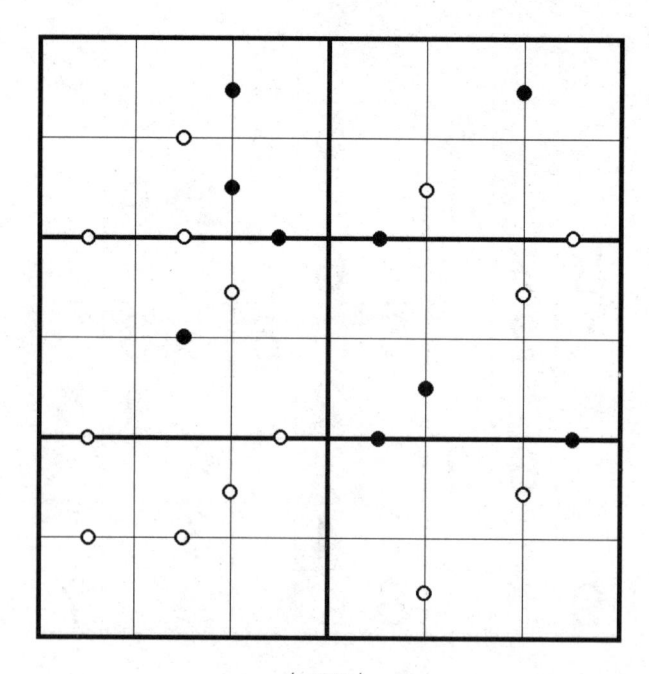

（165）

6						7		5
			8	3	6			
4		9				3		
	2		6		3		7	
	6						1	
	7		1		8		5	
		5				9		7
			9	2	7			
3		7						1

（166）

	5				1			
8						6		3
	6		5		8			
		4		7		5		
			9		3			
		6		2		1		
			8		4		6	
3		8						9
			7				2	

（167）

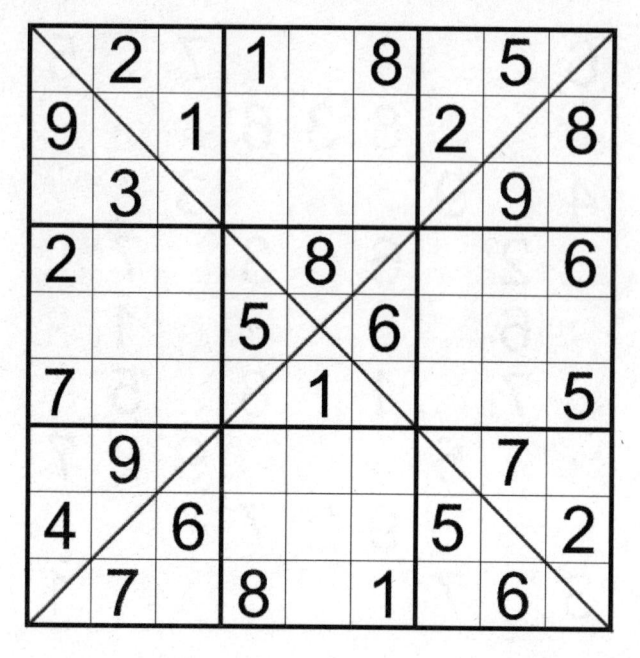

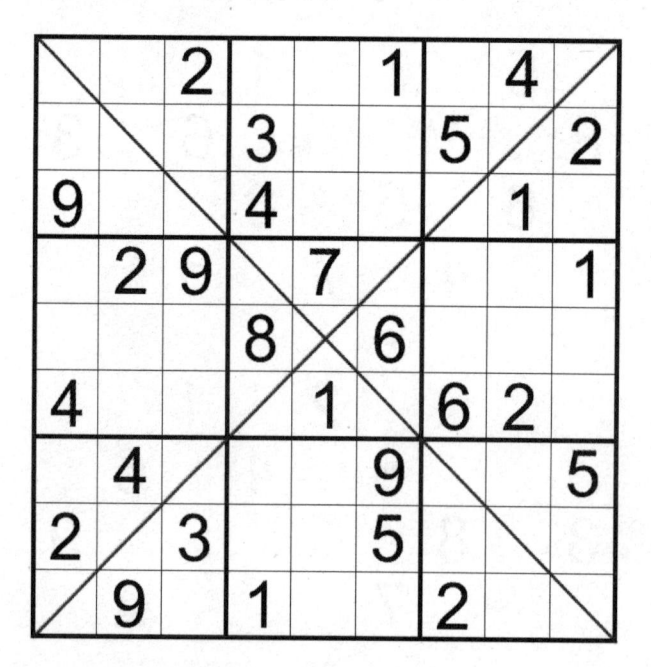

	2		1		8		5	
9		1				2		8
	3						9	
2				8				6
			5		6			
7				1				5
	9						7	
4		6				5		2
	7		8		1		6	

（168）

		2			1		4	
			3			5		2
9			4				1	
	2	9		7				1
			8		6			
4				1		6	2	
	4				9			5
2		3			5			
	9		1			2		

（169）

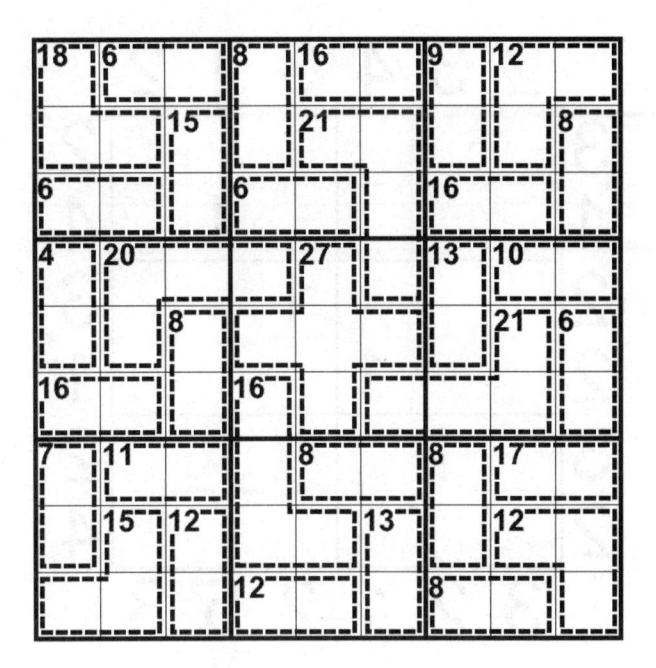

(170)

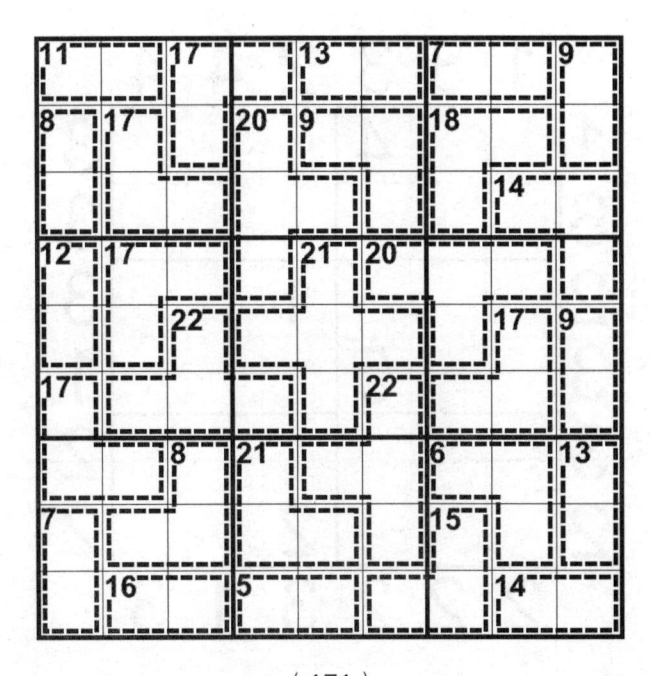

(171)

U18 组　第 4 轮

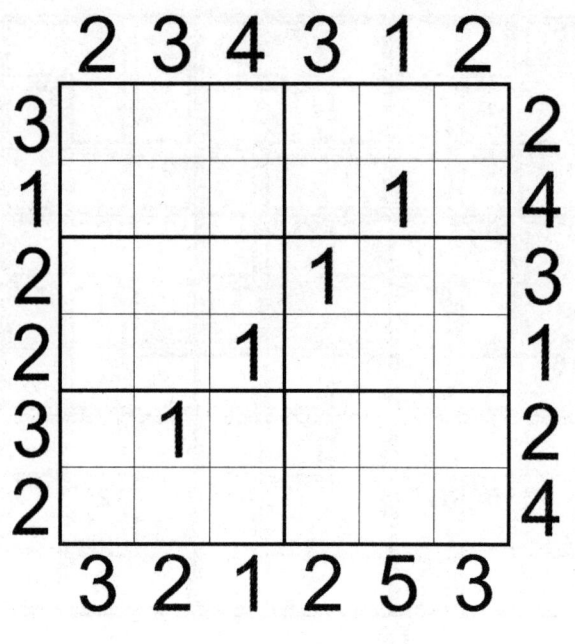

	2	3	4	3	1	2	
3							2
1					1		4
2				1			3
2			1				1
3		1					2
2							4
	3	2	1	2	5	3	

（172）

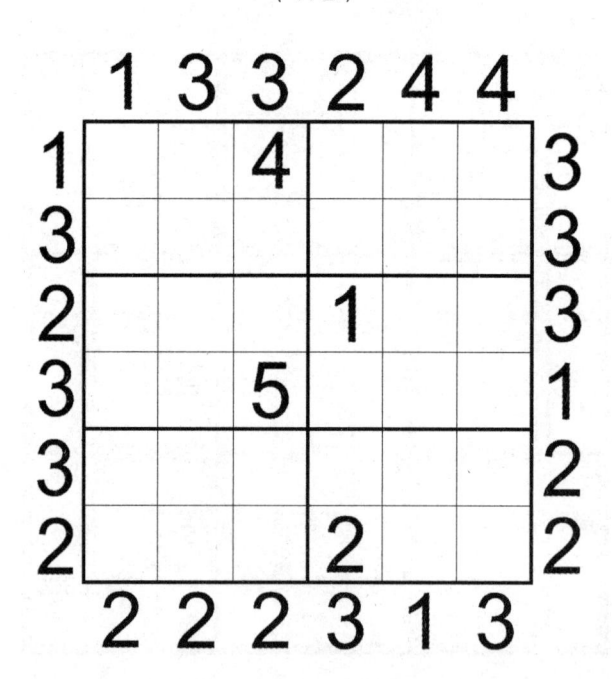

	1	3	3	2	4	4	
1			4				3
3							3
2				1			3
3			5				1
3							2
2				2			2
	2	2	2	3	1	3	

（173）

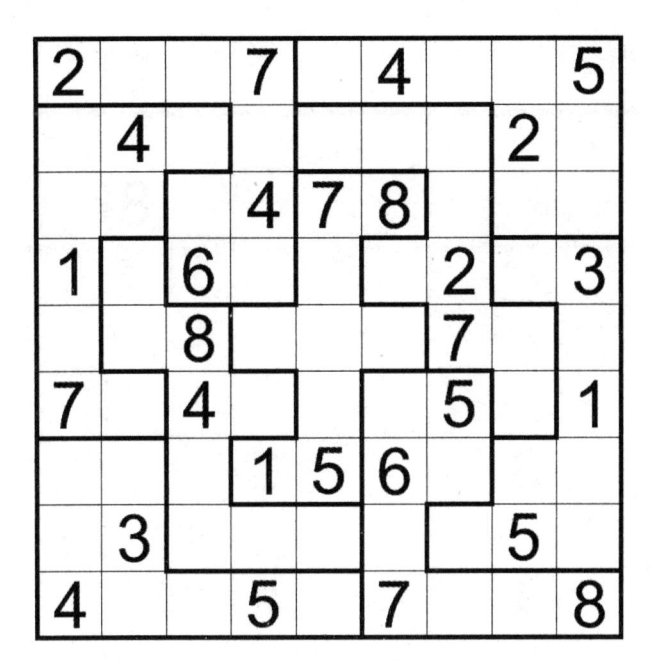

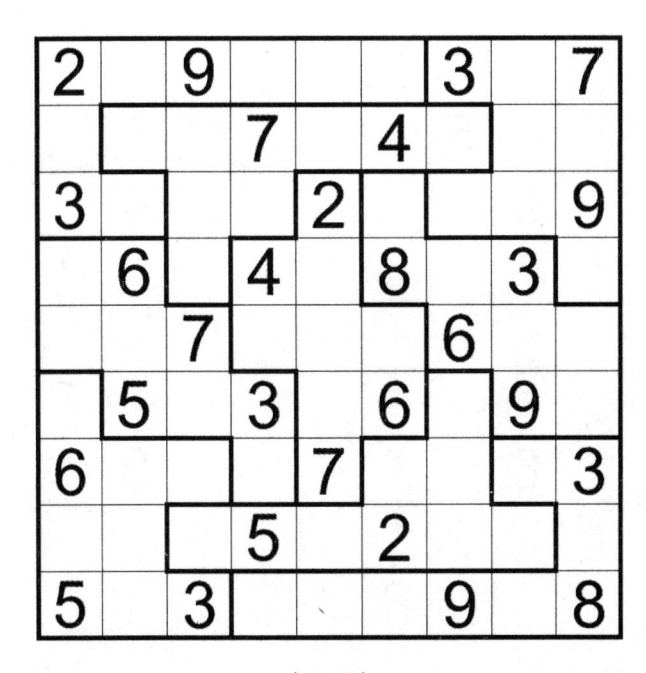

2			7		4			5
	4						2	
			4	7	8			
1		6				2		3
		8				7		
7		4				5		1
			1	5	6			
	3						5	
4			5		7			8

（174）

2		9				3		7
			7		4			
3				2				9
	6		4		8		3	
		7				6		
	5		3		6		9	
6				7				3
			5		2			
5		3				9		8

（175）

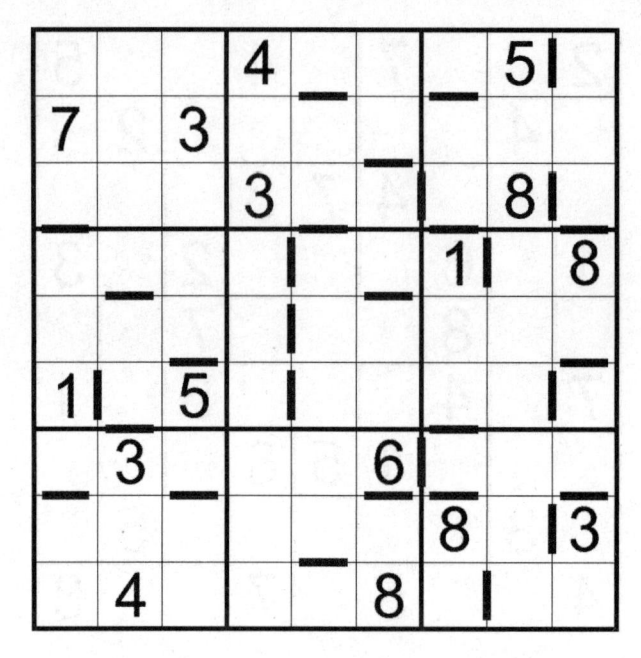

(176)

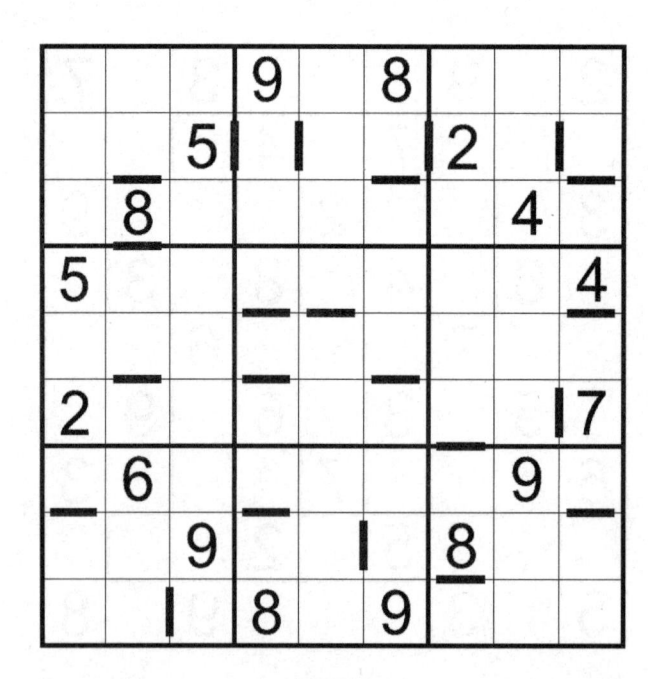

(177)

2018 全国青少年数独比赛 个人决赛   127

			8		9			
	9					5		
	2		1		5		9	
5		1				2		6
2		6				4		9
	6		9		3		2	
		2				6		
			2		6			

(178)

1			4		7			3
		7				6		
	3						1	
6				7				1
			6		8			
3				5				6
	6						7	
		9				5		
5			7		9			2

(179)

2018 全国青少年数独比赛
团体决赛

U8 组　第 1 轮

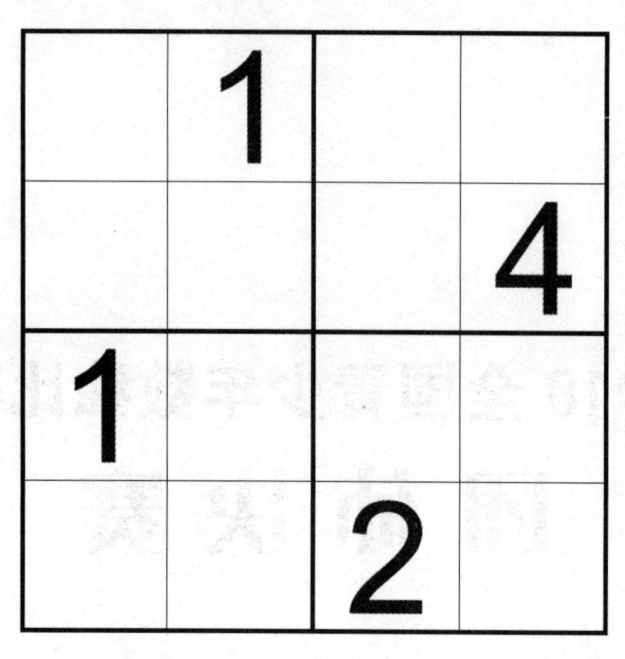

	1		
			4
1			
		2	

（180）

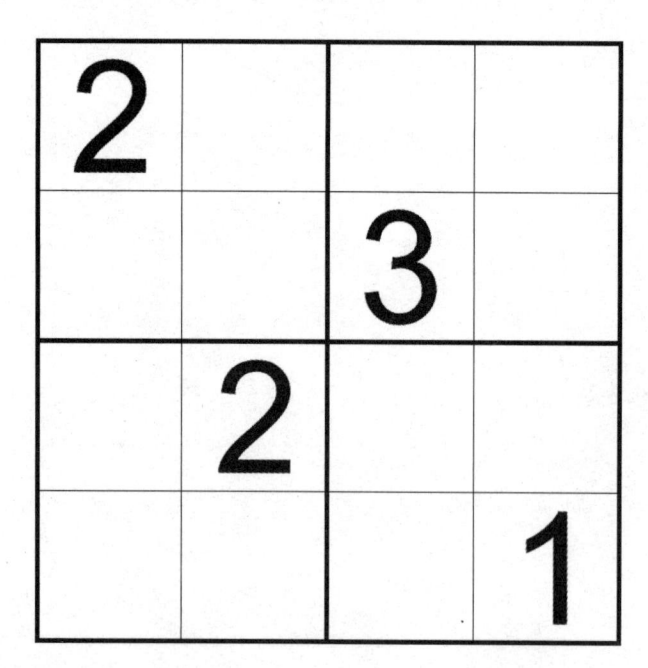

2			
		3	
	2		
			1

（181）

			7		3	2		
	4	2			8			
	9					4		3
4				9			2	5
			4		5			
9	5			3				6
8		9					7	
			6			5	1	
		7	3		2			

（182）

	1	8		2	5			
								3
		4			7	5		9
8		1		7				
6			9		8			5
				6		3		8
7		6	2			8		
1								
			4	5		6	7	

（183）

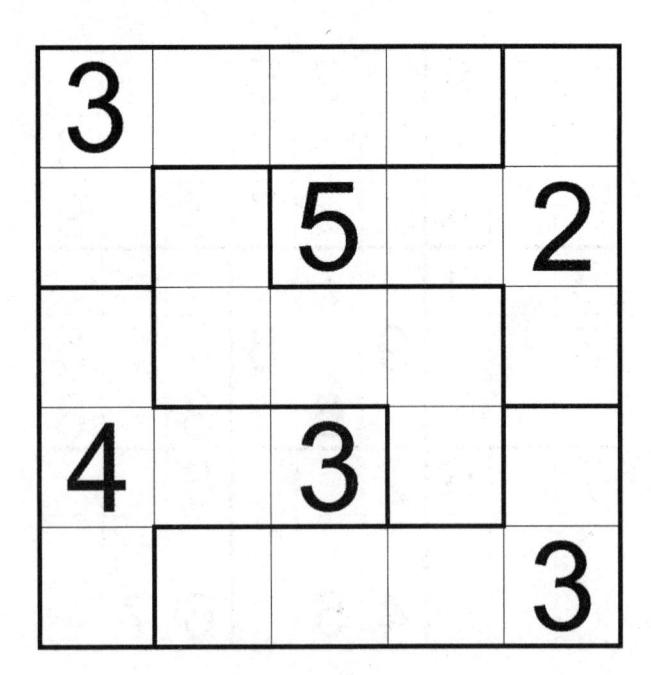

	5		4	
4				1
5				2
	4		3	

（184）

3				
		5		2
4		3		
				3

（185）

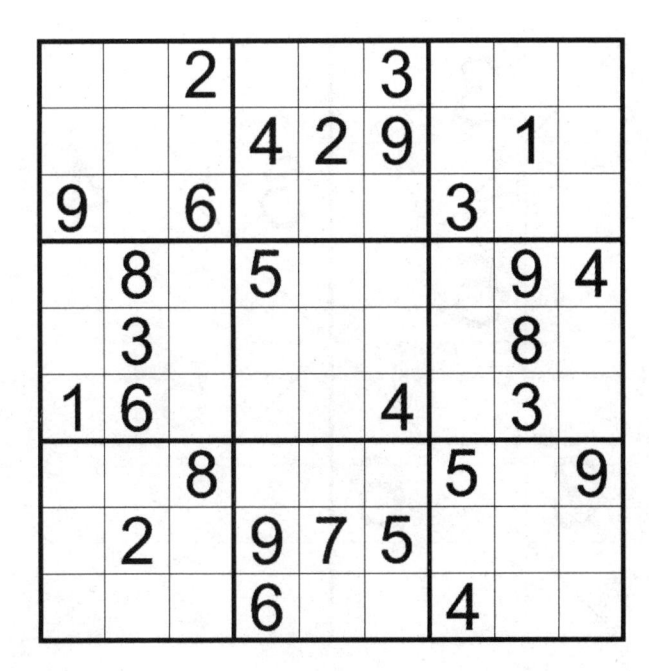

		5				6		
			3	8	2			
9		7		6		1		8
	2		9		3		5	
	4	9				3	1	
	7		6		8		9	
7		2		5		9		1
			2	9	1			
		1				2		

（186）

		2			3			
			4	2	9		1	
9		6				3		
	8		5				9	4
	3						8	
1	6				4		3	
		8				5		9
	2		9	7	5			
			6			4		

（187）

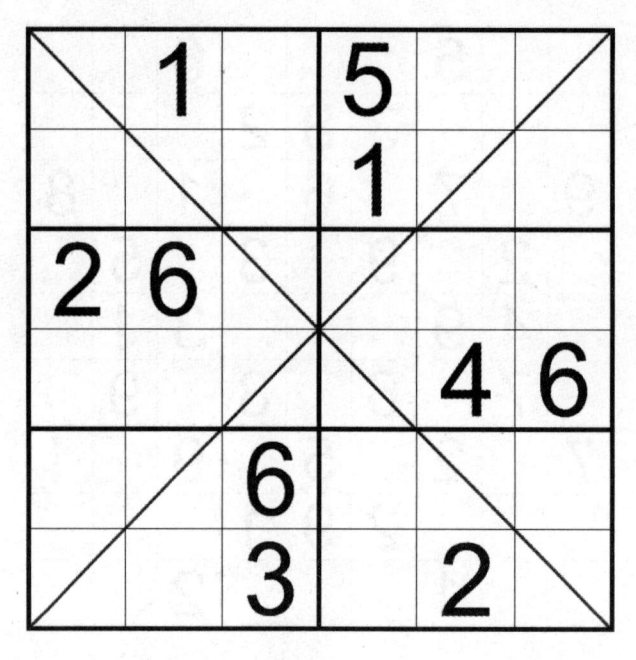

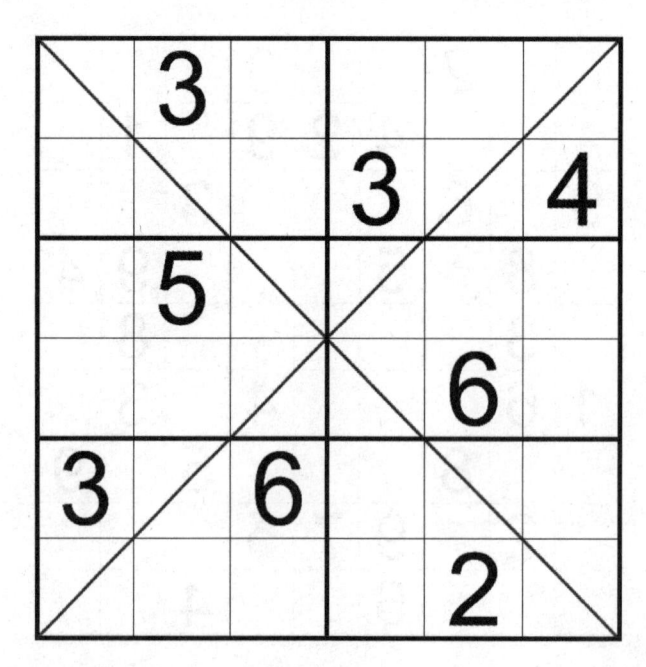

	1		5		
			1		
2	6				
				4	6
		6			
		3		2	

（188）

	3				
			3		4
	5				
				6	
3		6			
				2	

（189）

	5	2		9	3		4	
9		4				6		7
	6			4	8		9	5
5		8	9		6			
4		6				3		1
			1		4	5		9
6	2		8	1			7	
1		7				8		6
	4		3	6		9	1	

（190）

6	2	9		5		1		
1			2	3	7			
7				9		2		4
	4		7		2		9	
9	1	7				8	2	6
	3		8		9		1	
4		8		2				1
			9	8	1			2
		1		7		6	5	8

（191）

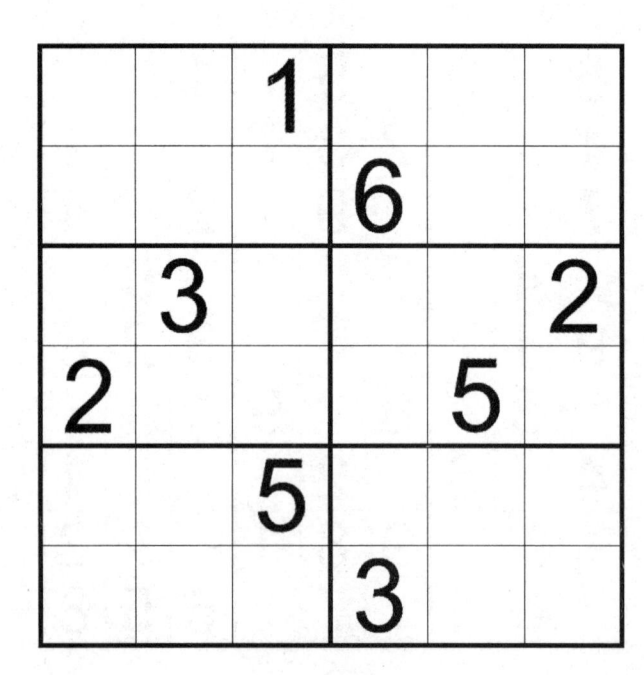

	1		4		
2	3				
					5
1					
				4	3
		3		2	

（192）

		1			
			6		
	3				2
2				5	
		5			
			3		

（193）

			8	5		2	9	
9	4					1	8	
5	8			9	3			
		5	4		2			8
4		1				7		9
7			6		9	3		
			5	6			4	1
	5	4					6	7
	7	6		4	8			

（194）

5	6					4		8
			7	8		1		6
9	1		4	3				
			2		7	8	4	
	2	1				6	7	
	5	4	8		3			
				5	4		1	7
1		5		2	8			
2		6					8	9

（195）

U8组　第2轮

	5	3			
					4
			2		3
3		6			
1					
			4	3	

(196)

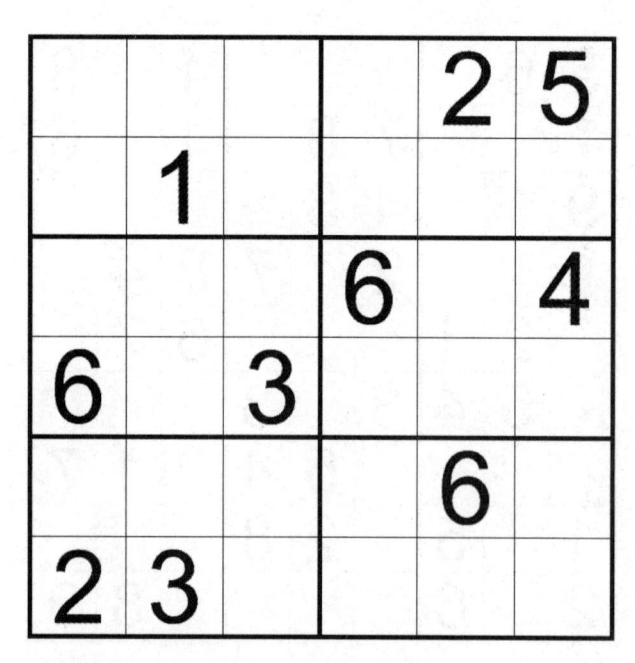

				2	5
	1				
			6		4
6		3			
				6	
2	3				

(197)

			4	
2		1		
	1		3	
		2		5
	5			

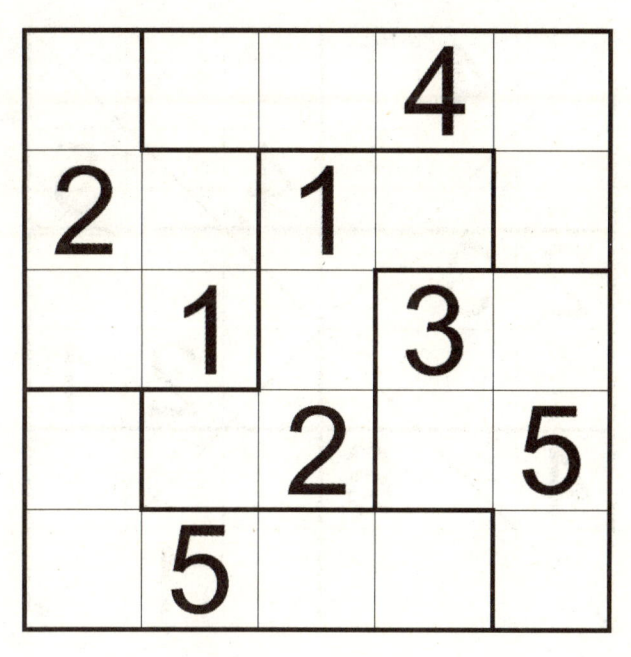

（198）

5			4	
				3
4				
	5			1

（199）

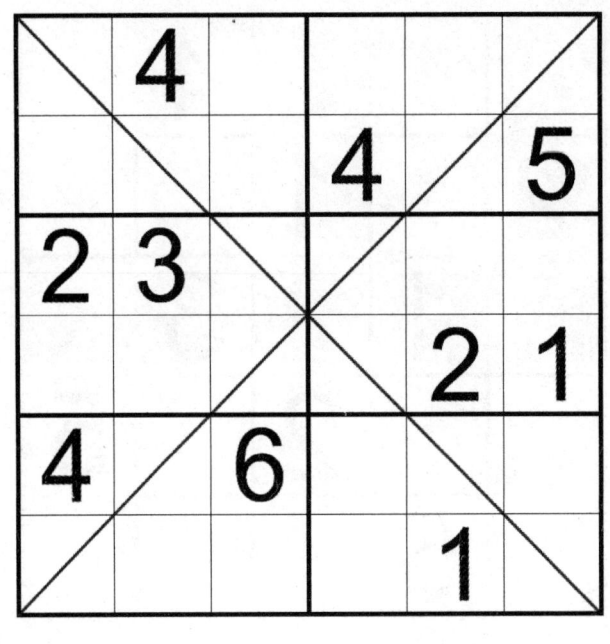

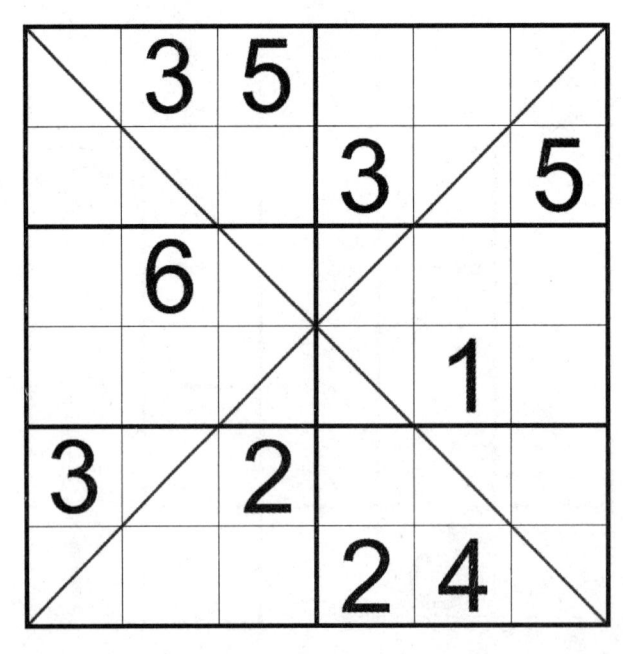

	4				
			4		5
2	3				
				2	1
4		6			
				1	

（200）

	3	5			
			3		5
	6				
				1	
3		2			
			2	4	

（201）

	6		9		8		3	
5		3				7		8
	4			5			1	
4			5		1			2
		1				8		
8			2		7			9
	1			9			8	
3		4				2		1
	8		1		4		6	

（202）

5				1				4
		3	4		6	2		
	1		9		5		7	
	9	6				4	2	
2								6
	5	8				7	3	
	2		8		3		4	
		1	5		7	9		
8				2				3

（203）

U8组 第3轮

	3	8				2	5	
6								8
2				6		3		1
		9		7		8		
				1		2		
		6		9		1		
3			8		9			7
1								3
	4	5				9	6	

(204)

U10组　第1轮

		5			
	3		1		
6					2
4					1
		1		4	
			2		

（205）

			3		
	6	4			
				4	2
1	4				
			5	3	
			1		

（206）

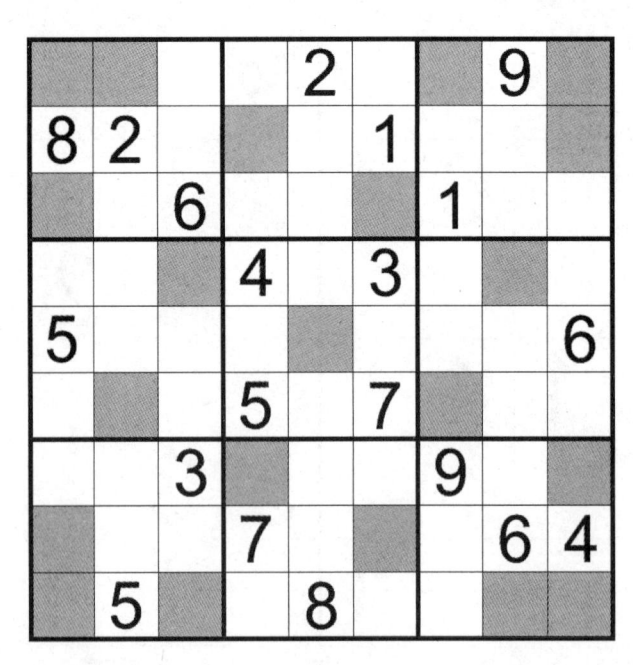

	1			2			3	
5	4				6		9	2
	6		4		5			
3								7
			3		8		5	
4	7		2				6	9
	8			9			4	

（207）

				2			9	
8	2				1			
		6				1		
			4		3			
5								6
			5		7			
		3				9		
			7				6	4
	5			8				

（208）

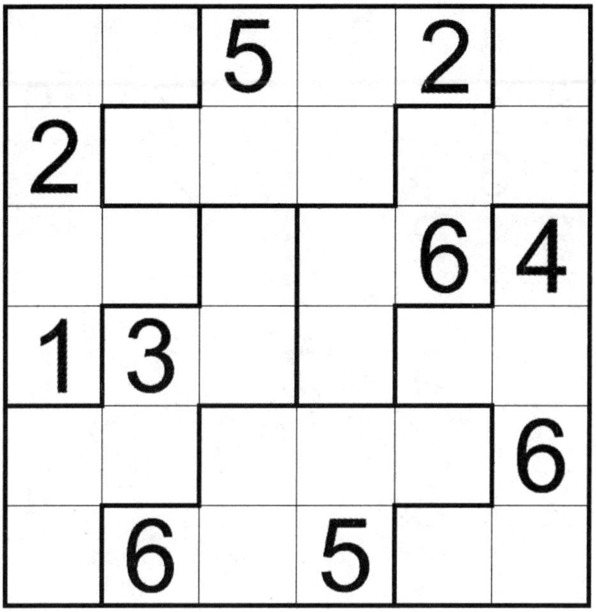

2018 全国青少年数独比赛 团体决赛　145

（209）

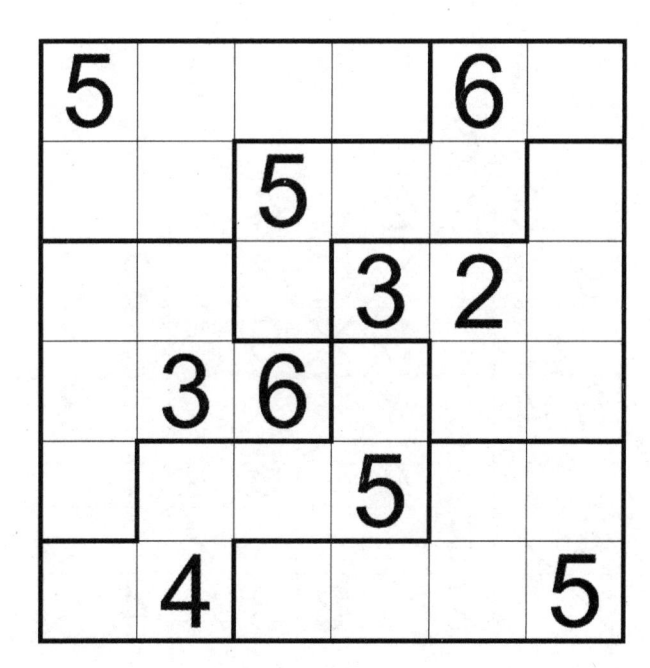

（210）

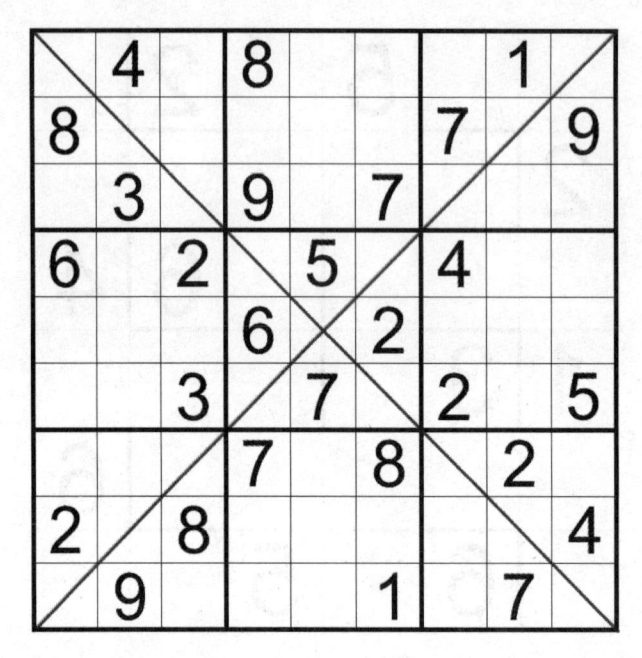

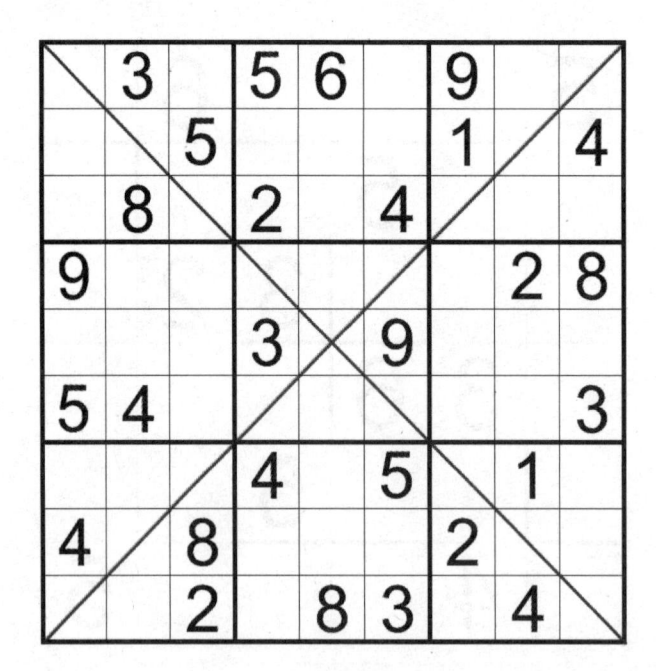

	4		8				1	
8						7		9
	3		9		7			
6		2		5		4		
			6		2			
		3		7		2		5
			7		8		2	
2		8						4
	9				1		7	

（211）

	3		5	6		9		
		5				1		4
	8		2		4			
9							2	8
			3		9			
5	4							3
			4		5		1	
4		8				2		
		2		8	3		4	

（212）

2018 全国青少年数独比赛 团体决赛

(213)

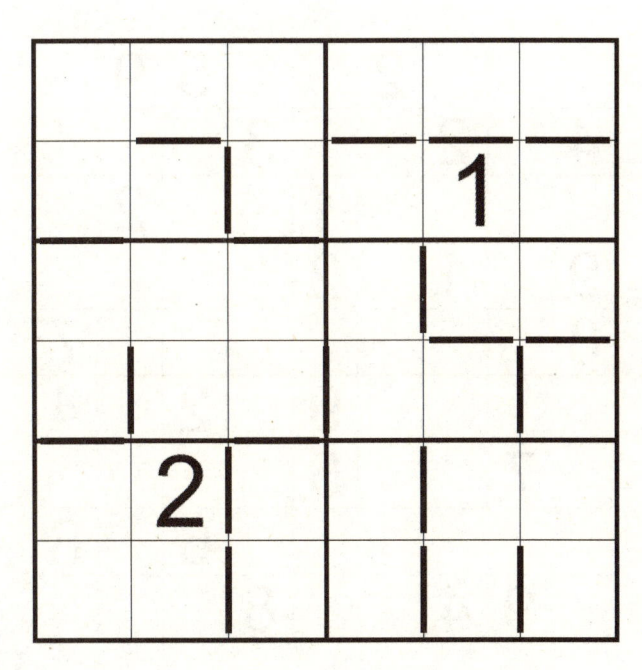

(214)

	7	5					6	
			6		9			2
							1	
		1		6		9		4
			4		8			
8		9		3		2		
	3							
9			3		2			
	8					5	9	

（215）

			2			5	9	
4		2			3			
				1			2	
9		1		2				
8								7
				9		2		4
	7			5				
			1			6		8
	9	4			8			

（216）

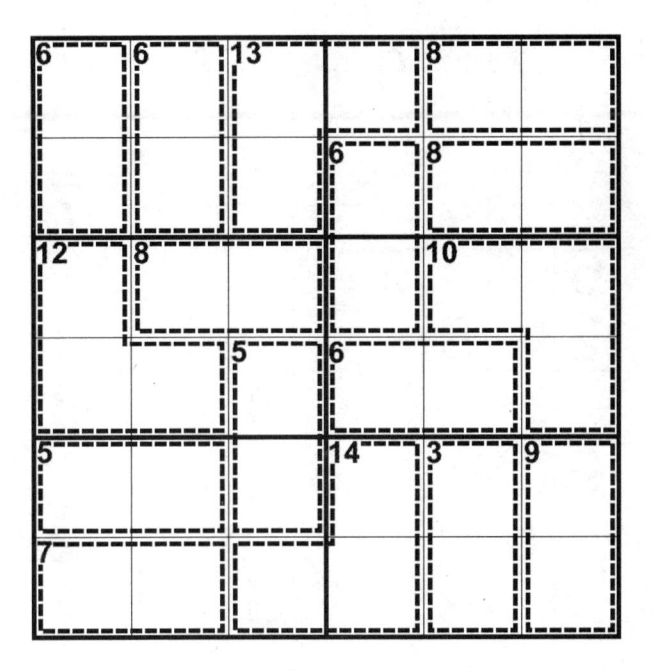

(217)

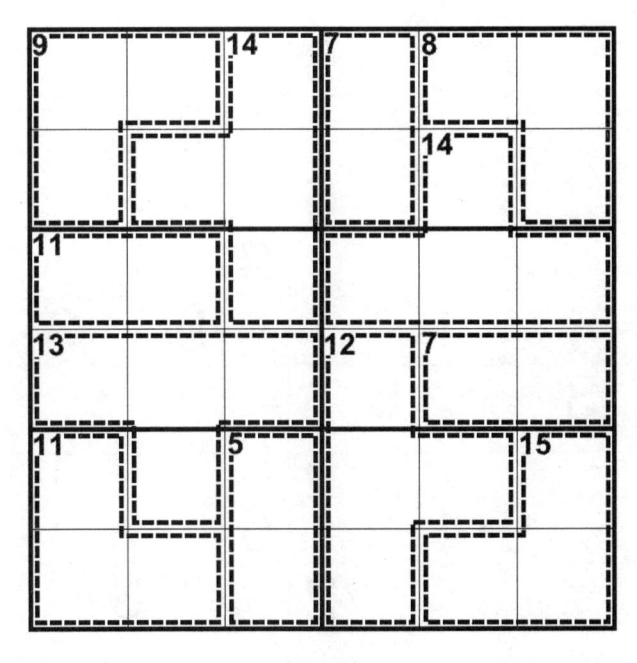

(218)

	7		9	6		5		
1							3	
				5				7
6			2					
2		9				4		1
					4			8
9				8				
	5							2
		3		7	5		8	

(219)

	4			9				
			5			2	6	
2	8			6				
					9			7
4		1				9		3
3			6					
				8			5	1
	9	4			5			
				2			3	

(220)

U10 组 第 2 轮

		6			
			2		3
				4	
	2				
4		5			
			6		

（221）

	3		8					
		5				8		3
	4		1	9			6	
			9		8	4		1
		9				6		
1		7	2		4			
	7			8	5		2	
5		1				7		
					9		5	

（222）

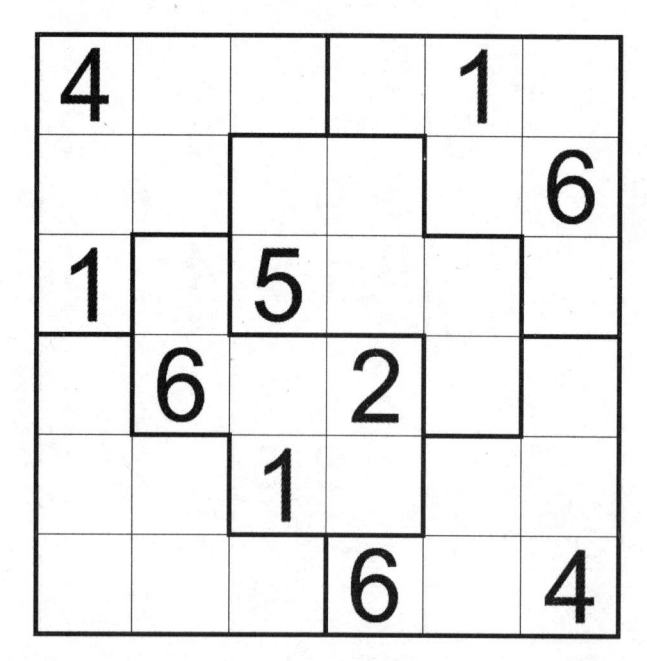

						4	7	
2		8		7				
				3		1		2
	1		9		5		2	
	6		7		1		8	
4		1		9				
				2		6		3
	2	5						

（223）

4				1	
					6
1		5			
	6		2		
		1			
			6		4

（224）

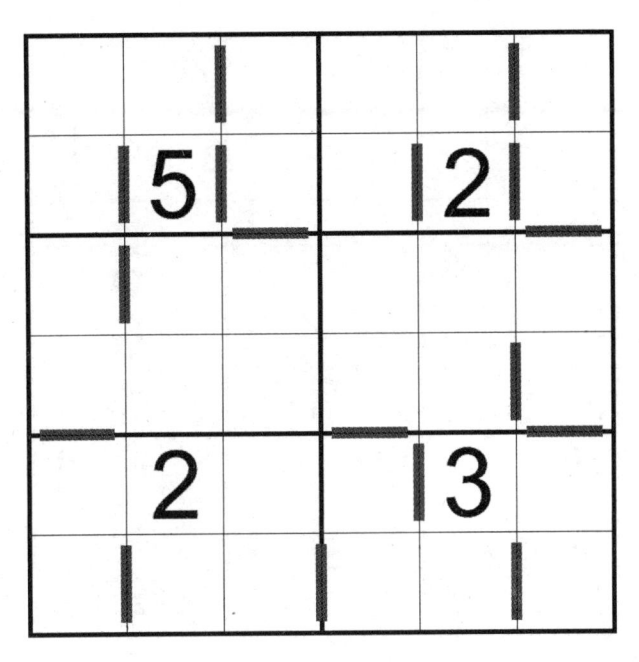

(225)

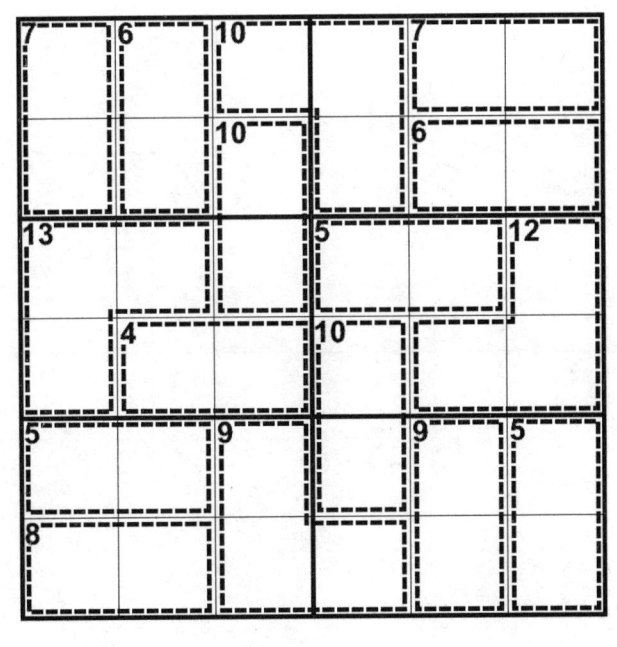

(226)

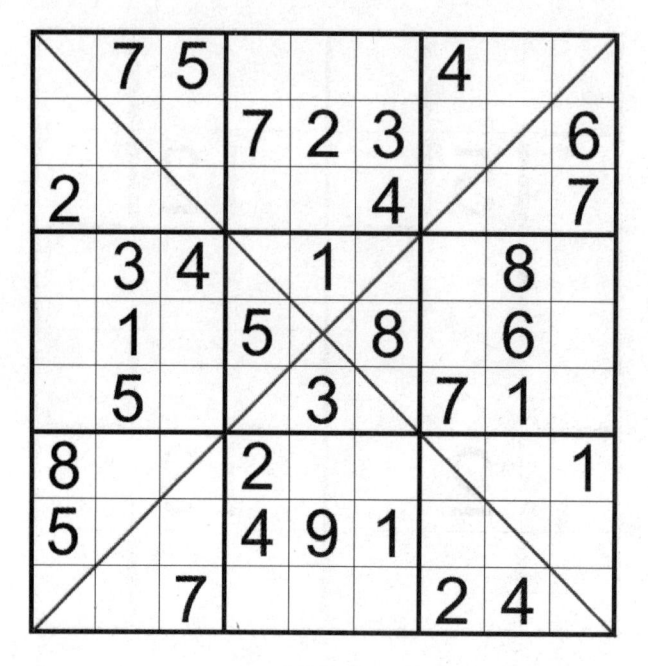

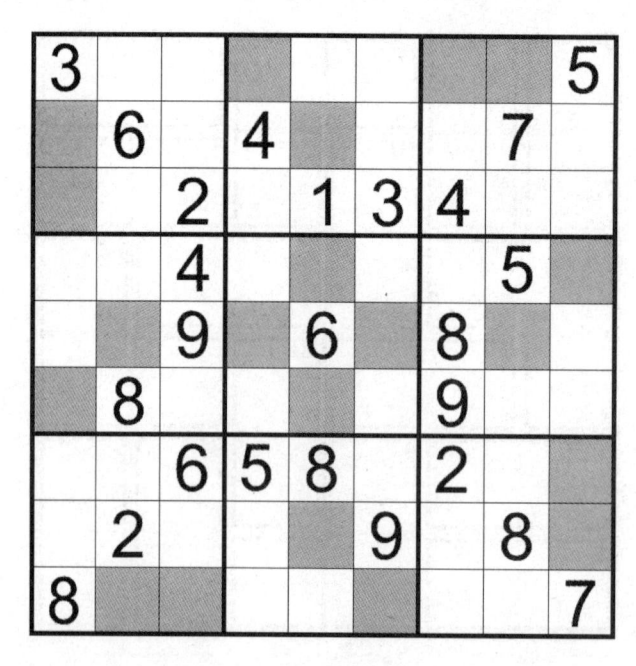

	7	5				4		
			7	2	3			6
2					4			7
	3	4		1			8	
	1		5		8		6	
	5			3		7	1	
8			2					1
5			4	9	1			
		7				2	4	

（227）

3								5
	6		4				7	
		2		1	3	4		
		4					5	
		9		6		8		
	8					9		
		6	5	8		2		
	2				9		8	
8								7

（228）

U10 组　第 3 轮

			2	6			7	
	7	3						
4				5			9	
			5		2			4
3								8
6				9		1		
	8				2			6
						4	2	
	5			7	9			

(229)

U12 组　第 1 轮

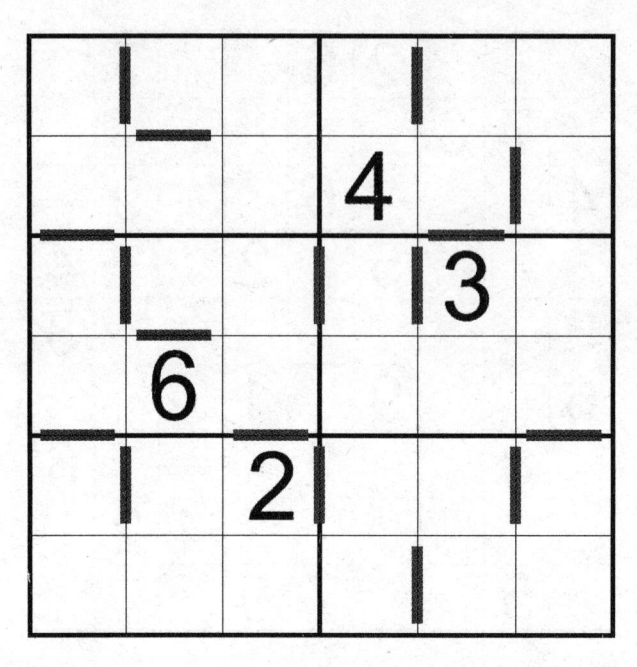

（230）

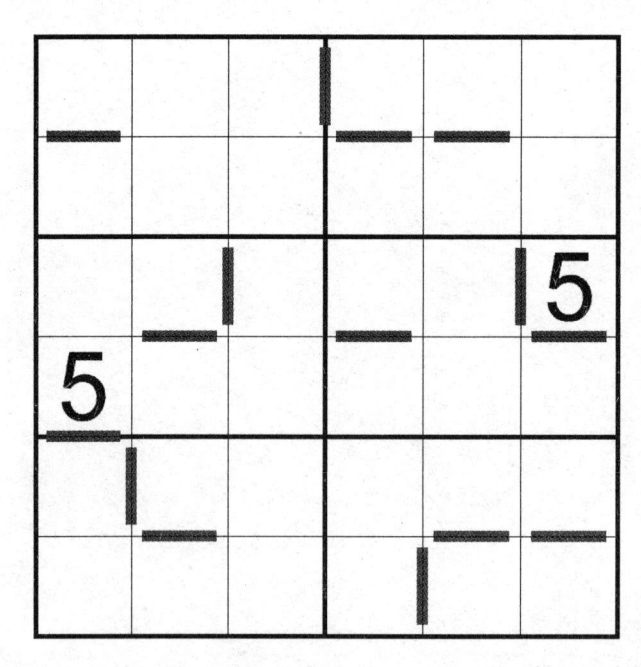

（231）

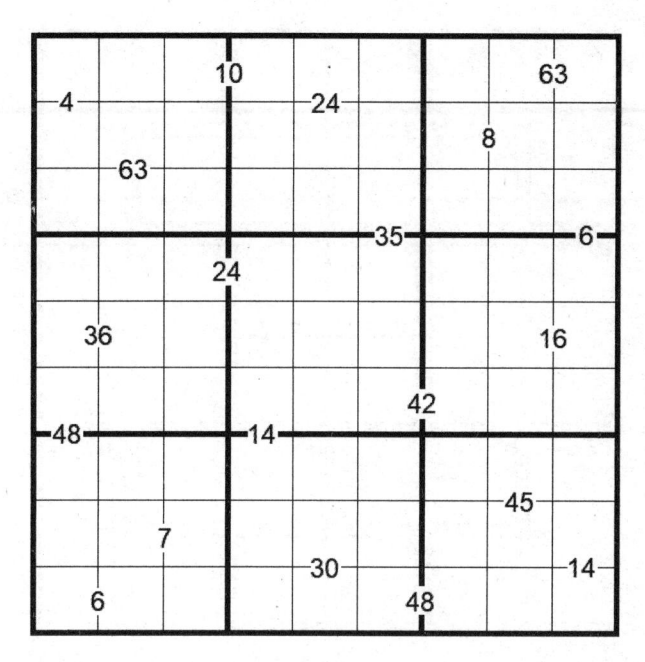

(232)

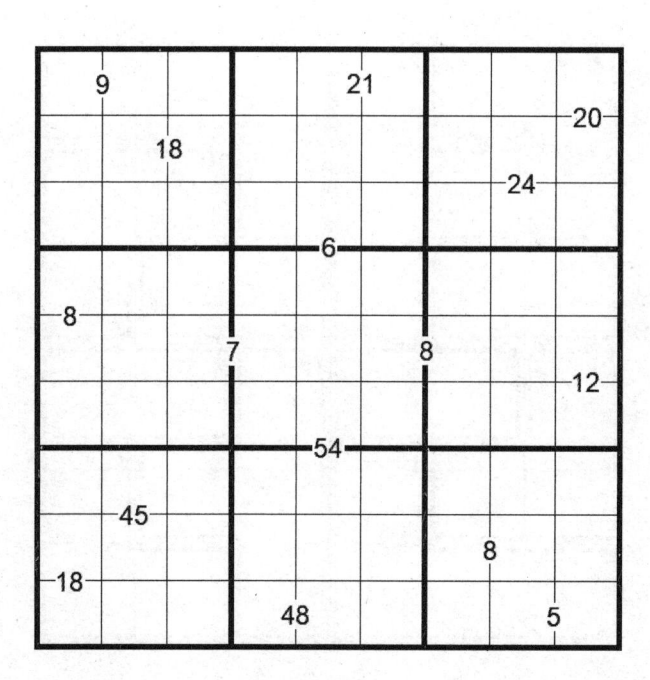

(233)

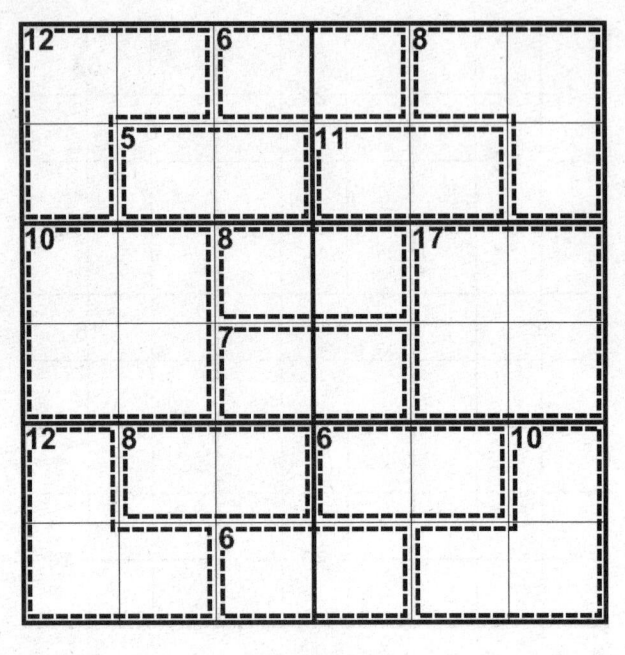

(234)

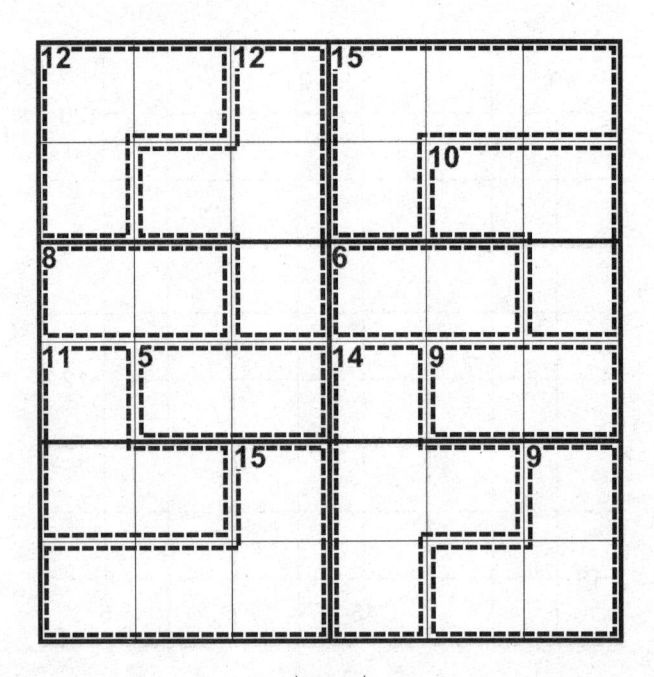

(235)

	5		2			4		
	1					5		3
	4		8	3				
5			4		8			9
7								4
3			9		1			7
				8	4		6	
4		2					1	
		8			7		4	

（236）

			7	3		1		6
	1	4						
	7		1	2		3		
4							2	7
			3		9			
8	5							3
		5		4	6		3	
						8	6	
2		6		5	7			

（237）

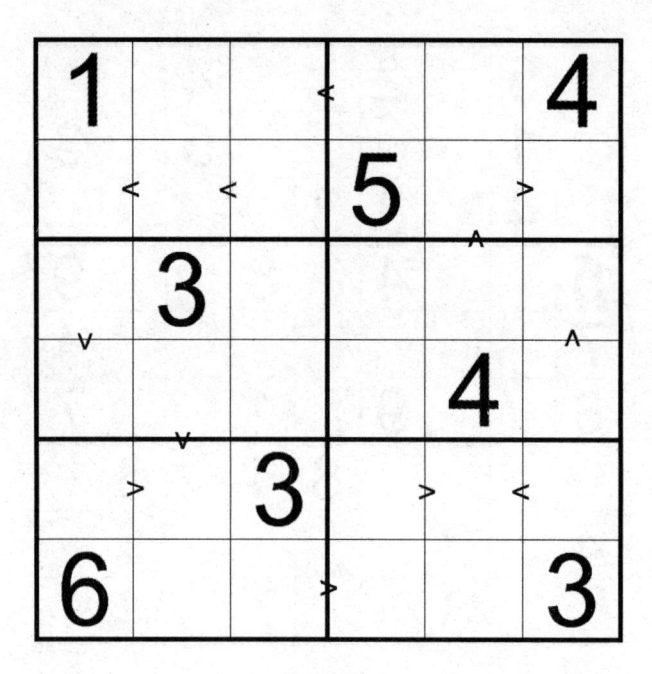

(238)

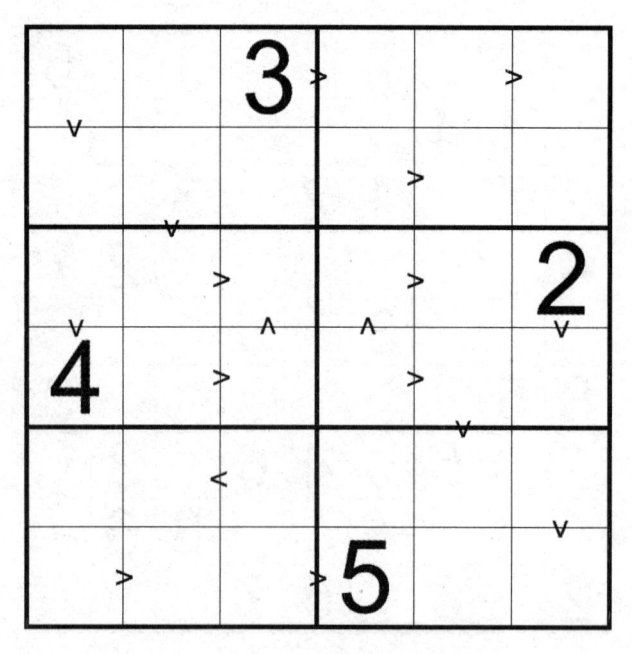

(239)

6		2			4			
				9				
9						2	4	
1	6		5		9			
		7				6		
			8		2		7	3
	3	5						9
				4				
			6			3		8

（240）

						5		1
			6		2			
2			8			7		
	5			3	7		8	
	4						1	
	8		1	6			9	
		7			4			8
			2		1			
1		3						

（241）

			6		1	
		2			3	7
	4		7			
2		1		3		6
			3		5	
3	1			5		
	2		1			

（242）

		2	6		7	
						3
7		6				
5			4			2
				1		5
2						
	4		1	3		

（243）

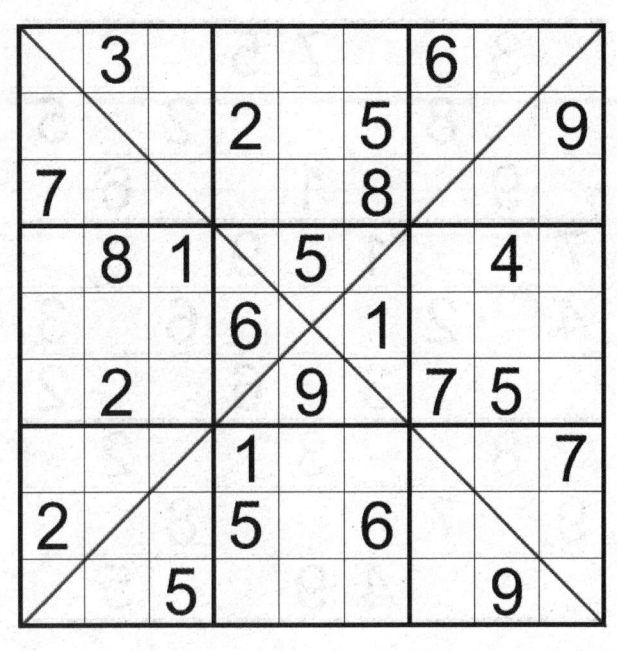

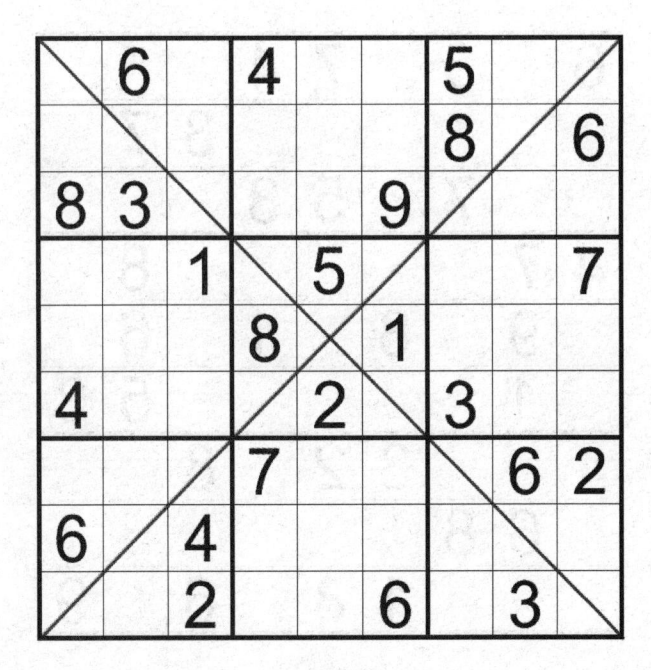

	3					6		
			2		5			9
7					8			
	8	1		5			4	
			6		1			
	2			9		7	5	
			1					7
2			5		6			
		5					9	

(244)

	6		4			5		
						8		6
8	3				9			
		1		5				7
			8		1			
4				2		3		
			7				6	2
6		4						
		2			6		3	

(245)

U12组 第2轮

	3				7	5		
		8					2	5
	9			1			6	
7			1		9			
4		2				6		3
			3		6			2
	8			3			2	
9	7					8		
			4	9			5	

(246)

6		3		7	4			
							3	7
		7		5	3			
4	7						8	
	9		8		1		6	
	1						5	3
			3	2		8		
	6	8						
			1	8		6		9

(247)

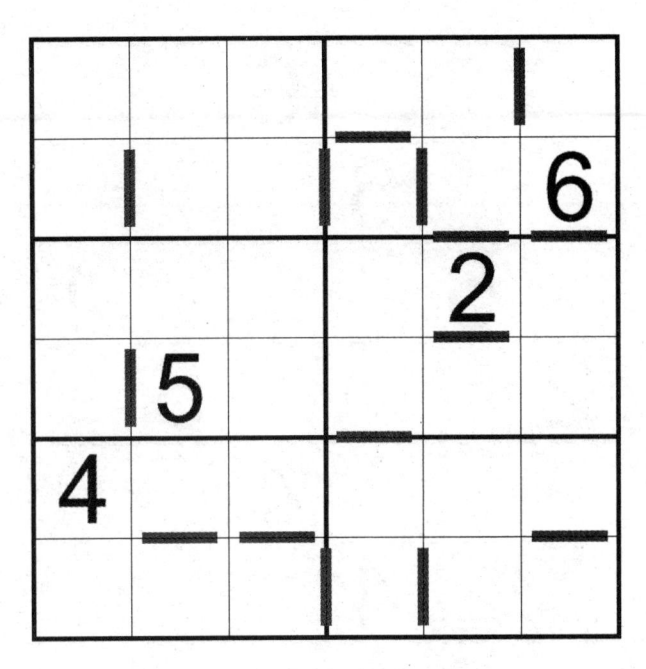

(248)

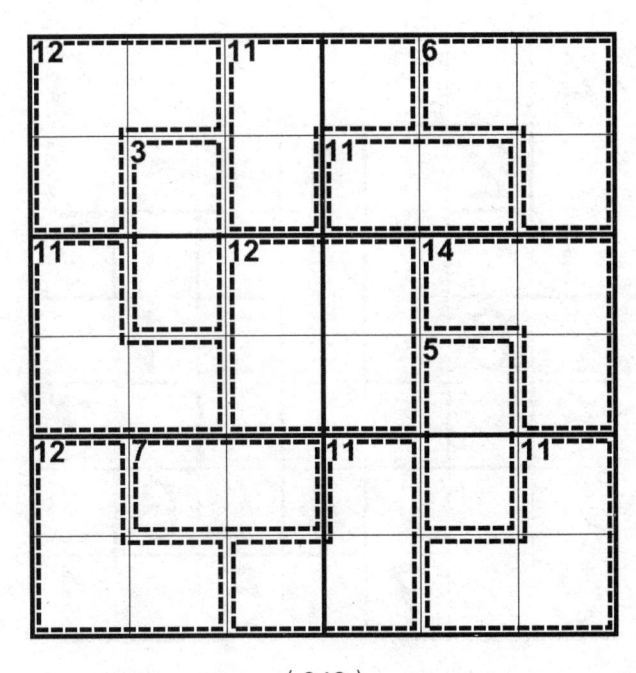

(249)

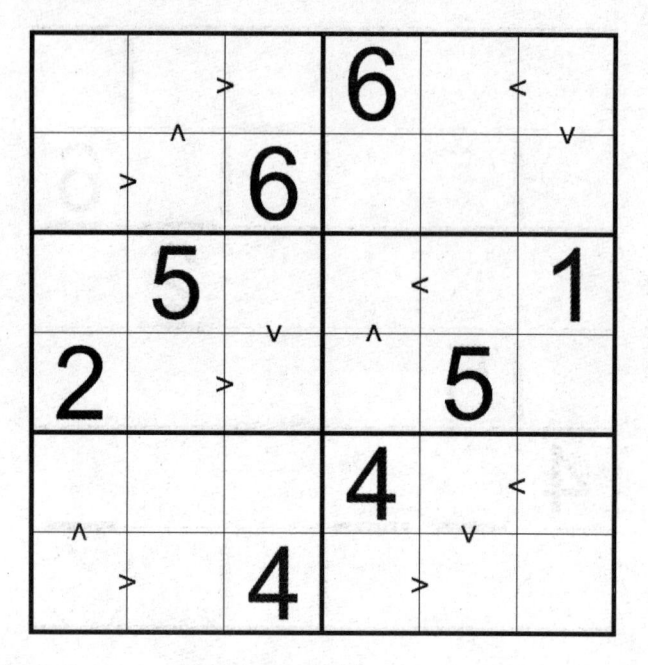

(250)

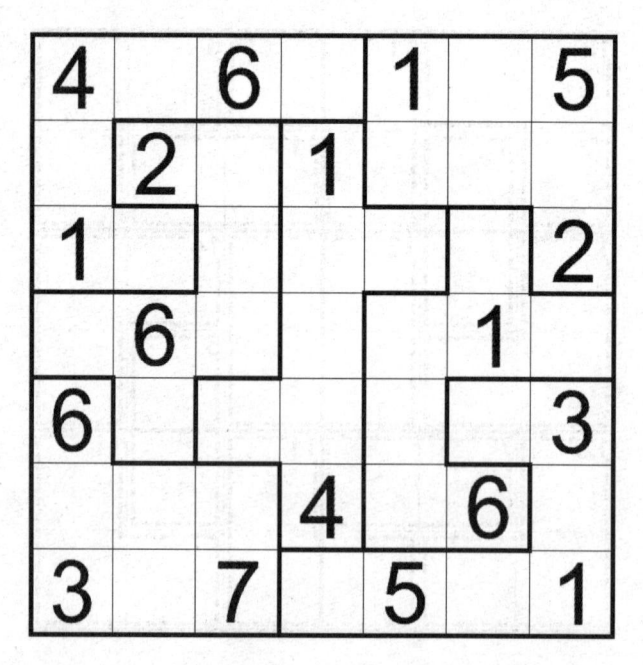

(251)

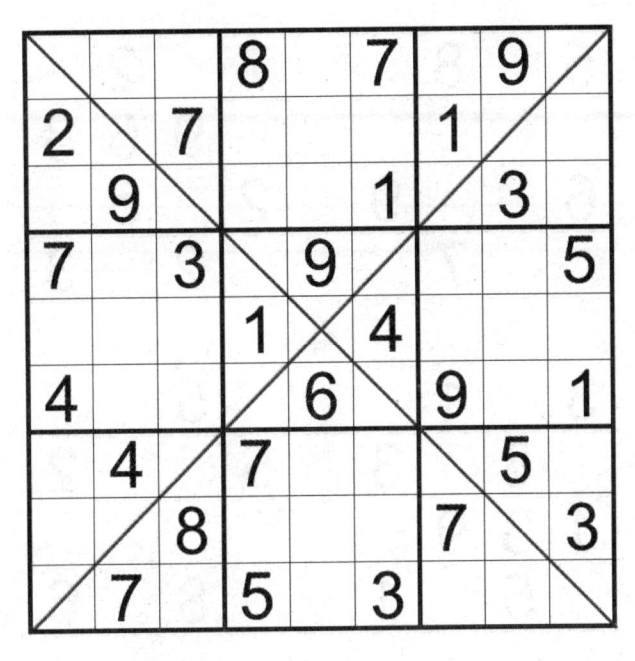

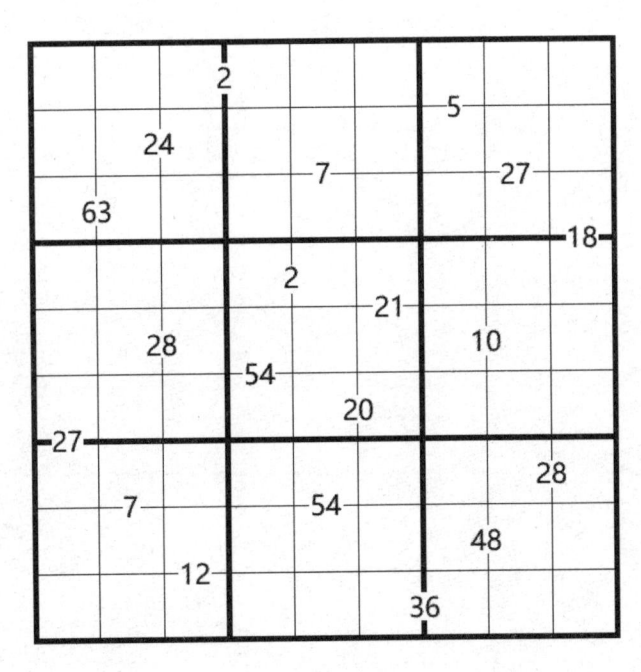

			8		7		9	
2		7				1		
	9				1		3	
7		3		9				5
			1		4			
4				6		9		1
	4		7				5	
		8				7		3
	7		5		3			

（252）

（253）

U12组 第3轮

5		8			7		2	
						9	6	8
6				9		2	5	
	7					2		3
				4				
3		1				5		
	8		3		5			2
1	3	9						
	5		1			8		6

(254)

U18组 第1轮

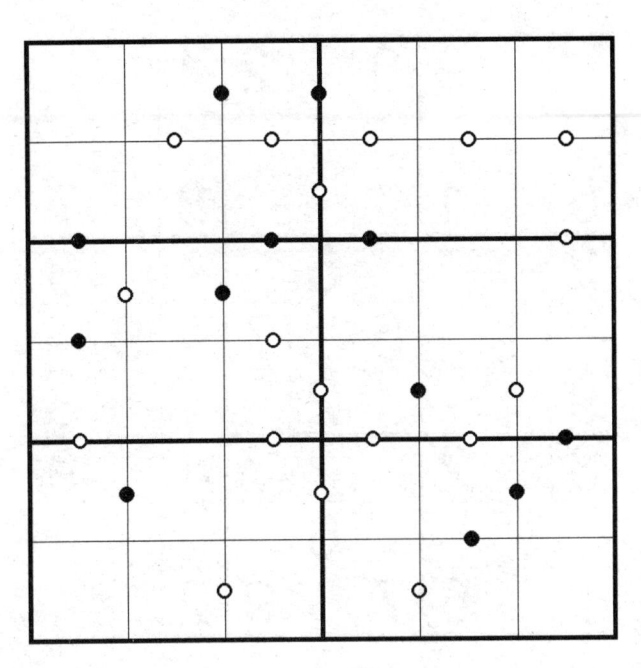

(255)

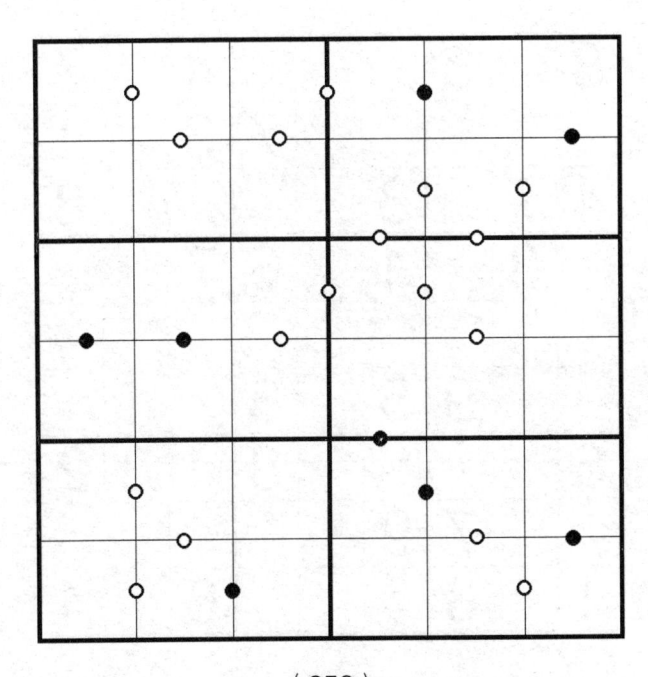

(256)

		9	8		2	1		
				1				
5		1				8		7
2				5				8
	1		6		7		9	
9				2				3
3		2				4		9
				6				
		6	7		9	2		

（257）

8		3				4		7
					7	3		
4	7		3					8
	3		1		6	7		
		9	5		3		1	
6					8		3	2
		7	9					
1		8				6		4

（258）

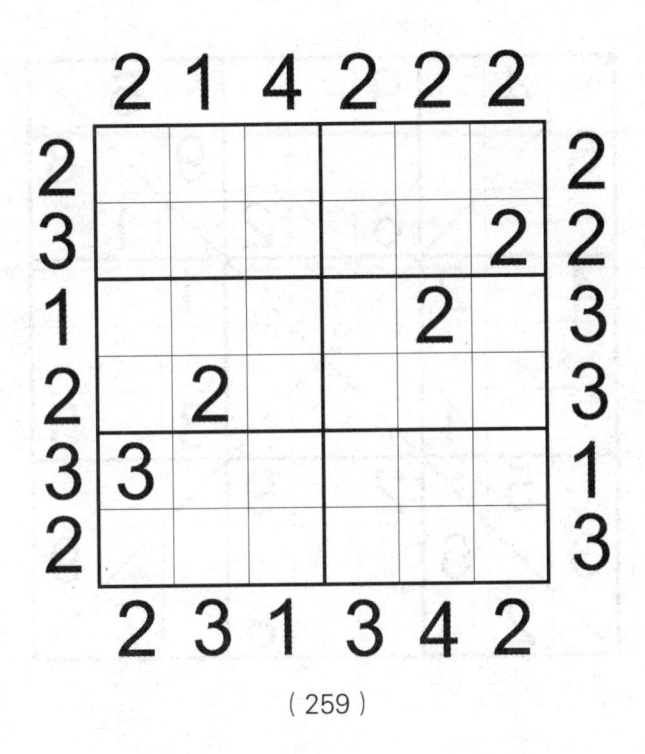

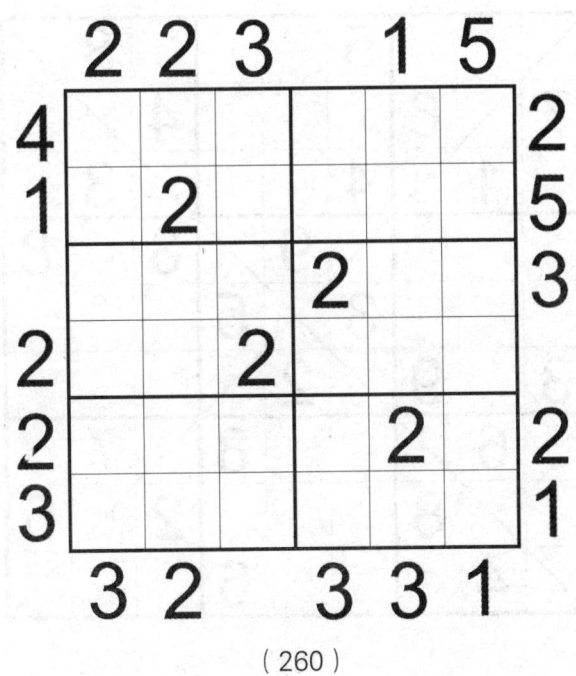

	2	1	4	2	2	2	
2							2
3						2	2
1					2		3
2		2					3
3	3						1
2							3
	2	3	1	3	4	2	

（259）

	2	2	3		1	5	
4							2
1		2					5
				2			3
2			2				
2					2		2
3							1
	3	2		3	3	1	

（260）

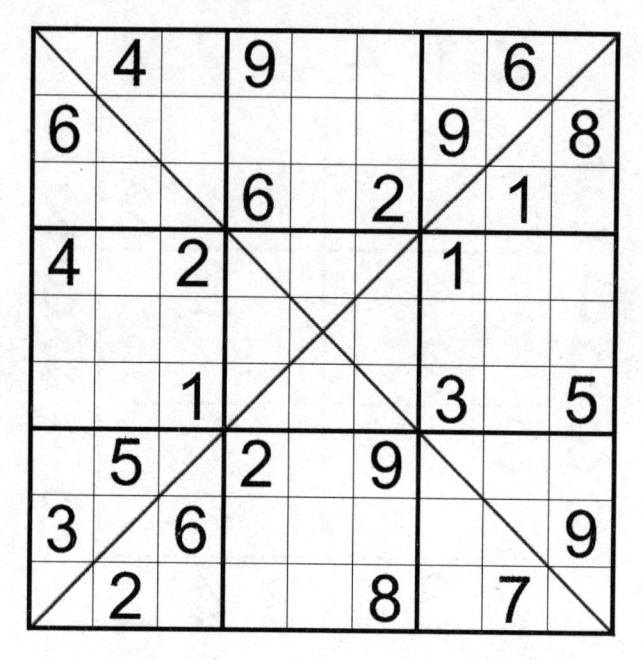

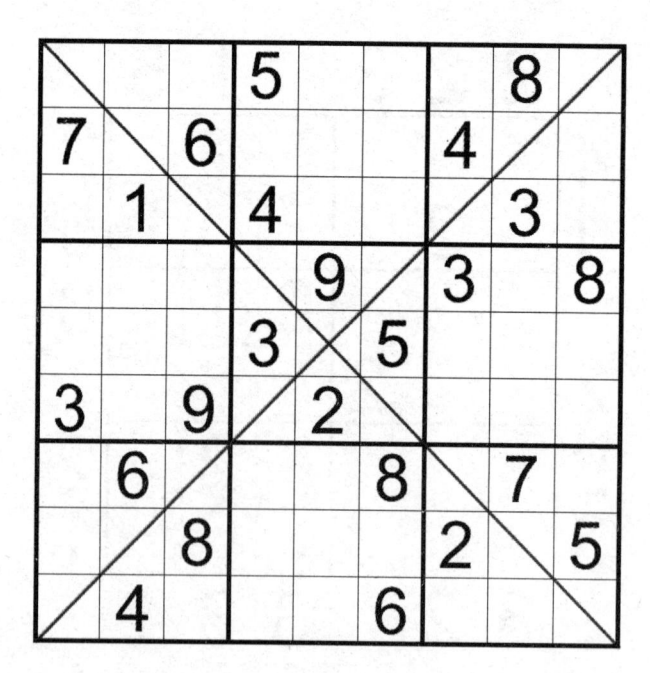

	4		9				6	
6						9		8
			6		2		1	
4		2				1		
		1				3		5
	5		2		9			
3		6						9
	2				8		7	

(261)

			5				8	
7		6				4		
	1		4				3	
				9		3		8
			3		5			
3		9		2				
	6				8		7	
		8				2		5
	4				6			

(262)

	2		7	3	5		6	
5				2				1
		2				9		
1			3		4			5
3	9						7	6
2			4		7			8
		1				7		
9				7				2
	8		9	4	1		5	

（263）

2		6				8		3
		9	8		2	7		
4	6						2	7
	9			6			1	
			9		6			
	2			8			4	
9	8						7	5
		8	6		4	2		
6		2				9		1

（264）

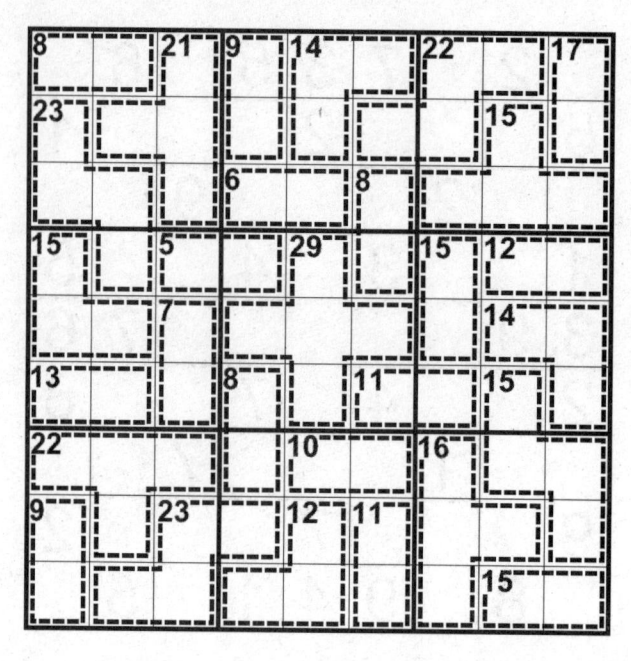

(265)

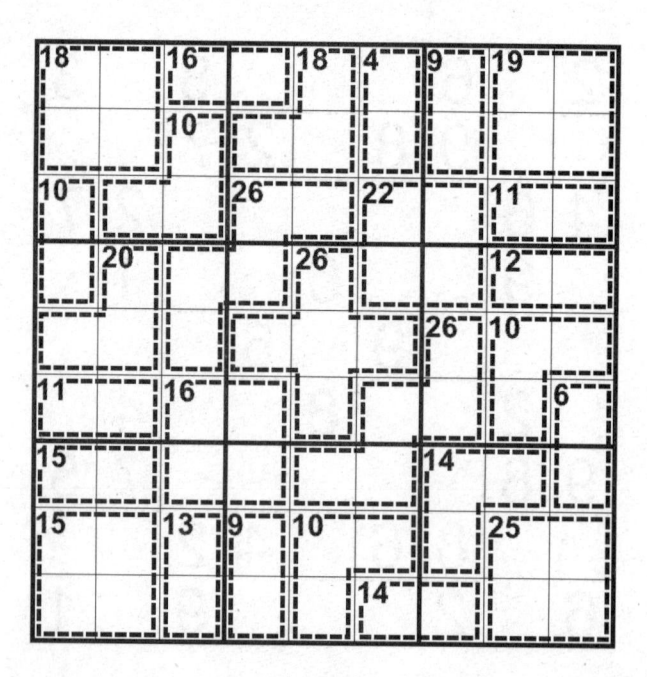

(266)

2018 全国青少年数独比赛 团体决赛

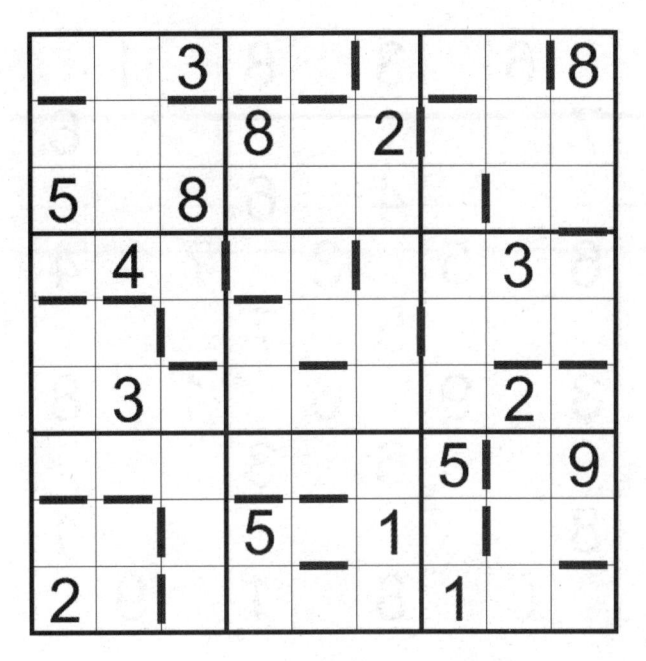

(267)

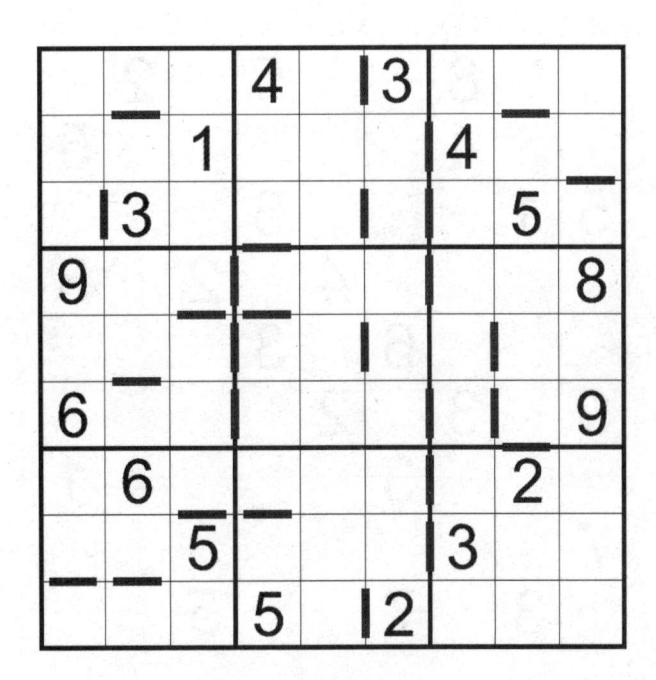

(268)

	6		3		8		1	
7								6
			4		6			
6		5		3		7		4
			5		7			
3		9		6		1		8
			6		3			
8								1
	5		8		1		9	

（269）

		8			5		2	
		4						5
5	1				6			
				4		2		3
			6		3			
9		3		2				
			3				4	1
7						3		
	3		7			5		

（270）

U18 组　第 2 轮

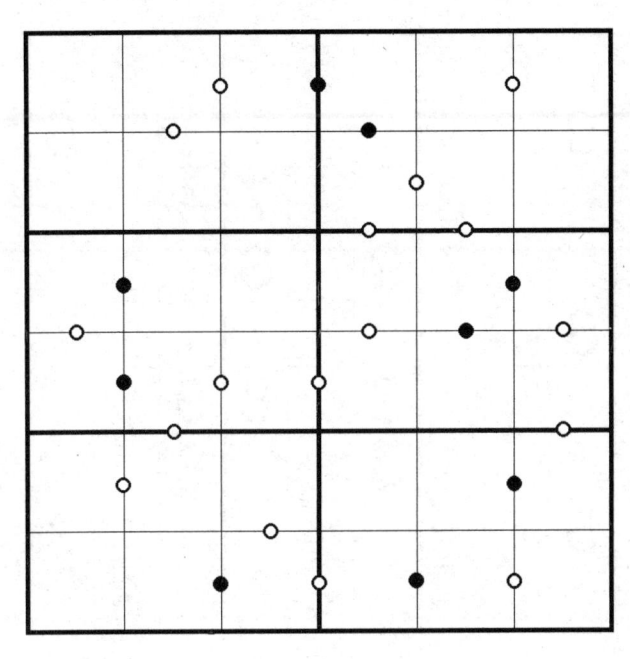

(271)

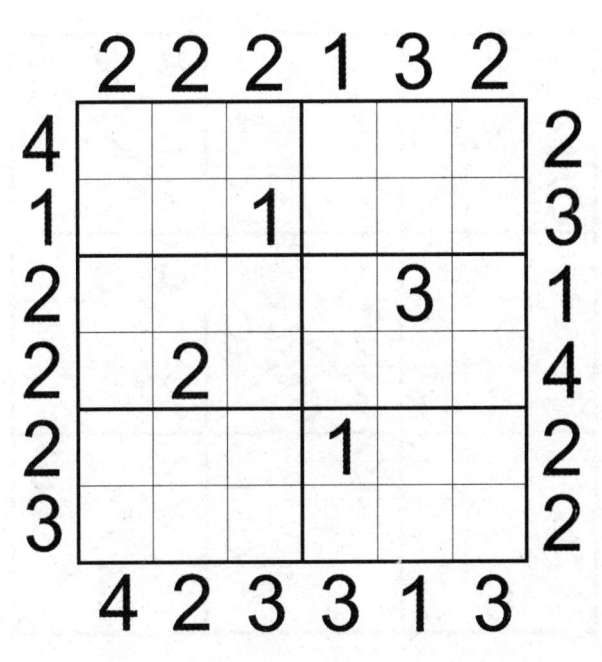

(272)

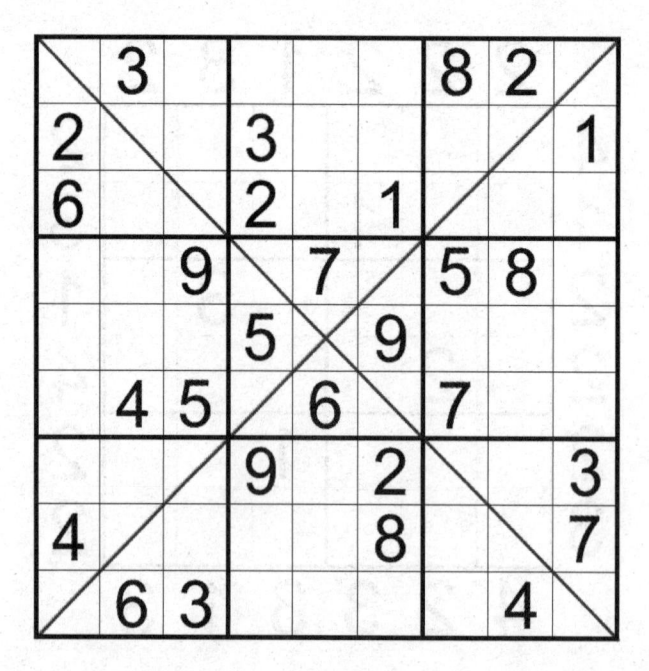

	6			5			8	
9								6
		2			7	4		
		7	9		3			
3								7
			2		8	9		
		1	3			8		
5								3
	2			4			6	

（273）

	3					8	2	
2			3					1
6			2		1			
		9		7		5	8	
			5		9			
	4	5		6		7		
			9		2			3
4					8			7
	6	3					4	

（274）

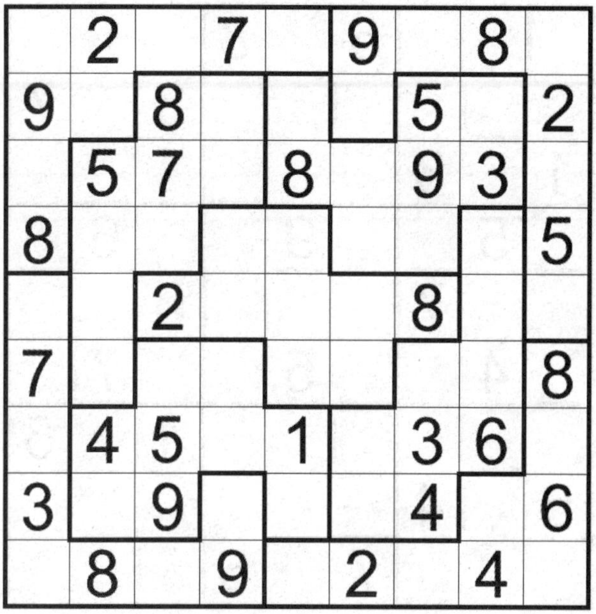

(275)

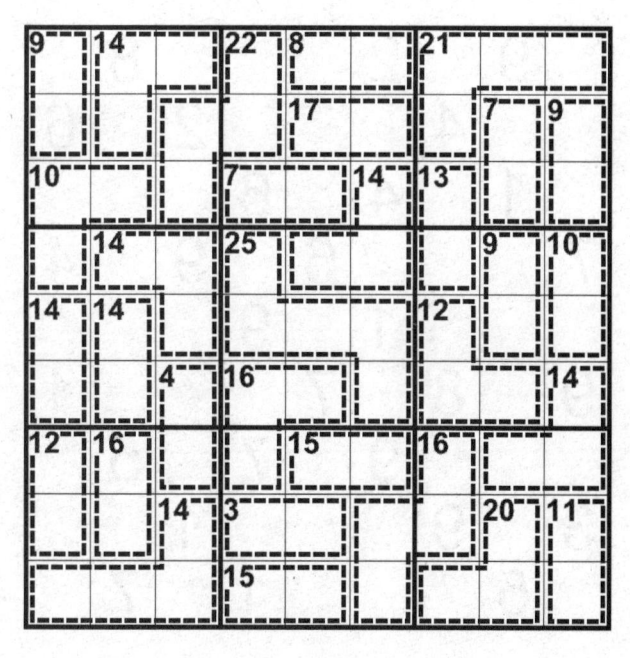

(276)

			5		3			
						3		7
1		3						
	5			9			6	
		7				5		
	4			5			7	
						1		5
5		4						
			7		5			

（277）

	9		2				8	
		4				2		6
	1		4		6			
7				6		9		4
			1		9			
9		8		7				1
			9		7		5	
3		9				1		
	5				1		7	

（278）

U18 组　第 3 轮

					8	6		
	7	4					2	
				6			5	7
9		4		3				8
			9		1			
2				4			3	9
4	8				5			
	3					9	6	
		5	3					

(279)

2018 全国青少年数独比赛
真题答案

(001)

1	3	4	2
4	2	1	3
2	4	3	1
3	1	2	4

(002)

4	3	2	1
1	2	4	3
3	4	1	2
2	1	3	4

(003)

1	3	4	6	2	5
6	2	5	3	4	1
4	6	3	5	1	2
2	5	1	4	6	3
3	1	6	2	5	4
5	4	2	1	3	6

(004)

6	2	1	3	4	5
5	3	4	2	1	6
1	5	6	4	3	2
2	4	3	5	6	1
3	6	5	1	2	4
4	1	2	6	5	3

(005)

9	4	1	5	2	8	3	7	6
2	3	6	1	7	4	9	5	8
7	5	8	9	6	3	4	1	2
6	8	9	7	4	2	1	3	5
3	1	5	8	9	6	7	2	4
4	7	2	3	1	5	6	8	9
1	2	7	4	8	9	5	6	3
5	6	4	2	3	1	8	9	7
8	9	3	6	5	7	2	4	1

(006)

2	9	3	1	5	4	8	7	6
4	5	6	2	8	7	1	9	3
7	8	1	9	6	3	5	2	4
3	1	5	4	9	8	7	6	2
8	2	7	3	1	6	4	5	9
6	4	9	5	7	2	3	8	1
9	7	8	6	3	1	2	4	5
5	3	2	8	4	9	6	1	7
1	6	4	7	2	5	9	3	8

(007)

2	5	3	4	1
3	1	4	5	2
4	2	1	3	5
1	4	5	2	3
5	3	2	1	4

(008)

1	4	5	2	3
5	3	2	1	4
4	1	3	5	2
2	5	4	3	1
3	2	1	4	5

5	4	1	2	3	6
2	6	3	4	5	1
6	3	2	1	4	5
1	5	4	3	6	2
4	2	5	6	1	3
3	1	6	5	2	4

(009)

4	6	3	1	5	2
1	2	5	6	4	3
3	4	6	5	2	1
2	5	1	3	6	4
5	3	4	2	1	6
6	1	2	4	3	5

(010)

9	8	3	2	6	7	5	1	4
4	5	6	1	3	8	2	9	7
7	2	1	5	9	4	6	8	3
8	7	9	6	5	3	4	2	1
6	3	4	8	1	2	9	7	5
2	1	5	7	4	9	3	6	8
1	6	2	3	7	5	8	4	9
3	4	7	9	8	6	1	5	2
5	9	8	4	2	1	7	3	6

(011)

6	7	4	1	2	5	9	8	3
8	3	2	7	9	4	1	6	5
1	5	9	8	3	6	7	2	4
2	6	5	4	7	8	3	9	1
3	8	1	2	5	9	6	4	7
4	9	7	6	1	3	2	5	8
9	4	8	3	6	7	5	1	2
5	2	3	9	4	1	8	7	6
7	1	6	5	8	2	4	3	9

(012)

4	2	1	6	3	5
6	5	3	1	4	2
2	1	4	5	6	3
5	3	6	4	2	1
3	6	5	2	1	4
1	4	2	3	5	6

(013)

5	1	3	6	2	4
4	6	2	1	5	3
2	4	1	5	3	6
6	3	5	2	4	1
3	2	6	4	1	5
1	5	4	3	6	2

(014)

2	5	4	1	3	6
6	3	1	2	5	4
4	2	6	5	1	3
3	1	5	4	6	2
1	4	3	6	2	5
5	6	2	3	4	1

(015)

6	3	5	2	1	4
2	1	4	6	5	3
3	5	6	4	2	1
4	2	1	5	3	6
1	6	2	3	4	5
5	4	3	1	6	2

(016)

(017)

4	2	3	8	1	5	6	9	7
7	6	5	2	4	9	3	1	8
1	8	9	6	7	3	2	5	4
8	4	6	9	3	1	7	2	5
5	9	2	7	8	4	1	6	3
3	1	7	5	2	6	8	4	9
2	3	4	1	5	8	9	7	6
6	7	8	4	9	2	5	3	1
9	5	1	3	6	7	4	8	2

(018)

7	2	8	4	9	1	3	6	5
3	6	5	2	8	7	4	9	1
9	1	4	6	3	5	7	8	2
8	7	9	5	1	2	6	3	4
1	4	6	3	7	9	2	5	8
5	3	2	8	4	6	9	1	7
4	5	1	9	2	3	8	7	6
6	8	3	7	5	4	1	2	9
2	9	7	1	6	8	5	4	3

(019)

8	1	2	9	3	5	6	4	7
4	5	3	6	8	7	2	1	9
7	6	9	2	4	1	8	3	5
9	2	8	7	1	4	3	5	6
6	3	5	8	2	9	4	7	1
1	7	4	3	5	6	9	8	2
5	8	7	4	9	2	1	6	3
2	4	1	5	6	3	7	9	8
3	9	6	1	7	8	5	2	4

(020)

5	1	6	9	3	4	7	8	2
9	8	4	6	7	2	1	3	5
3	2	7	8	1	5	9	6	4
2	3	5	7	9	1	6	4	8
6	7	8	4	5	3	2	9	1
4	9	1	2	8	6	3	5	7
8	6	3	1	4	7	5	2	9
7	5	9	3	2	8	4	1	6
1	4	2	5	6	9	8	7	3

(021)

5	6	4	1	3	2
4	1	2	5	6	3
6	5	3	4	2	1
1	3	6	2	4	5
2	4	5	3	1	6
3	2	1	6	5	4

(022)

2	1	5	6	4	3
4	6	3	1	5	2
1	3	4	5	2	6
3	5	2	4	6	1
6	4	1	2	3	5
5	2	6	3	1	4

(023)

4	2	1	5	6	3
5	6	3	2	4	1
3	1	6	4	5	2
2	4	5	3	1	6
1	5	2	6	3	4
6	3	4	1	2	5

(024)

6	5	3	2	4	1
4	1	2	6	3	5
2	4	5	1	6	3
3	6	1	5	2	4
5	2	4	3	1	6
1	3	6	4	5	2

(9) 3	(6) 5	1	(6) 2	(15) 4	6
2	4	(11) 6	1	3	5
(10) 6	(4) 1	5	(11) 3	(6) 2	4
4	3	2	6	(6) 5	1
(11) 5	6	(7) 3	(9) 4	(3) 1	2
(3) 1	2	4	5	(9) 6	3

(025)

(5) 2	(15) 6	5	(14) 3	(7) 1	4
3	4	(7) 1	5	6	2
(9) 4	(3) 1	6	(11) 2	(12) 3	5
5	2	3	6	4	(6) 1
(12) 6	5	(9) 4	(5) 1	2	3
1	3	2	4	(11) 5	6

(026)

3	2	1	8	6	9	7	4	5
8	5	7	3	1	4	6	2	9
6	4	9	2	5	7	1	3	8
5	3	4	7	2	8	9	6	1
1	6	2	9	4	5	8	7	3
7	9	8	6	3	1	4	5	2
4	1	3	5	8	6	2	9	7
2	7	6	1	9	3	5	8	4
9	8	5	4	7	2	3	1	6

(027)

7	6	4	3	5	8	2	1	9
5	9	2	1	6	7	3	8	4
8	1	3	4	2	9	5	6	7
4	5	7	8	9	3	6	2	1
6	3	9	5	1	2	4	7	8
1	2	8	6	7	4	9	5	3
3	4	5	7	8	6	1	9	2
2	7	1	9	3	5	8	4	6
9	8	6	2	4	1	7	3	5

(028)

1	3	8	2	7	5	4	6	9
6	4	5	1	3	9	7	8	2
9	2	7	8	6	4	5	1	3
4	1	6	9	2	8	3	7	5
3	5	2	7	4	1	6	9	8
8	7	9	3	5	6	2	4	1
2	9	3	6	8	7	1	5	4
5	6	1	4	9	2	8	3	7
7	8	4	5	1	3	9	2	6

(029)

1	8	9	2	5	7	6	4	3
6	4	2	3	9	1	5	7	8
7	5	3	6	4	8	1	9	2
8	3	6	7	1	2	4	5	9
5	1	7	4	8	9	2	3	6
2	9	4	5	6	3	8	1	7
3	6	1	8	7	4	9	2	5
9	2	8	1	3	5	7	6	4
4	7	5	9	2	6	3	8	1

(030)

4	2	5	3	8	9	6	1	7
7	6	3	4	1	2	8	5	9
9	1	8	6	7	5	3	4	2
2	9	1	8	5	7	4	3	6
5	3	7	9	6	4	2	8	1
8	4	6	2	3	1	9	7	5
1	8	9	7	2	3	5	6	4
6	7	2	5	4	8	1	9	3
3	5	4	1	9	6	7	2	8

(031)

1	8	4	3	7	6	9	2	5
7	2	9	4	8	5	6	3	1
5	6	3	1	2	9	8	4	7
6	1	8	7	5	3	4	9	2
9	3	2	6	1	4	7	5	8
4	7	5	8	9	2	1	6	3
8	5	6	9	3	1	2	7	4
3	4	7	2	6	8	5	1	9
2	9	1	5	4	7	3	8	6

(032)

(033)

3	1	6	8	7	4	9	5	2
9	7	5	1	2	3	8	4	6
2	4	8	9	6	5	3	1	7
6	8	9	2	4	1	5	7	3
4	2	3	7	5	8	6	9	1
7	5	1	6	3	9	2	8	4
8	3	4	5	1	6	7	2	9
1	9	2	3	8	7	4	6	5
5	6	7	4	9	2	1	3	8

(034)

2	7	3	5	8	6	9	4	1
4	8	5	1	9	2	3	7	6
6	9	1	4	3	7	2	5	8
1	6	7	3	5	8	4	2	9
9	2	4	7	6	1	8	3	5
3	5	8	9	2	4	6	1	7
7	1	6	8	4	3	5	9	2
5	3	2	6	1	9	7	8	4
8	4	9	2	7	5	1	6	3

(035)

1	4	3	6	2	5
5	6	2	4	1	3
3	1	6	2	5	4
2	5	4	3	6	1
6	3	1	5	4	2
4	2	5	1	3	6

(036)

6	4	3	1	5	2
2	1	5	6	3	4
1	3	6	2	4	5
4	5	2	3	1	6
5	6	1	4	2	3
3	2	4	5	6	1

(037)

3	1	6	4	2	5
5	4	2	3	1	6
4	2	5	6	3	1
1	6	3	5	4	2
2	5	4	1	6	3
6	3	1	2	5	4

(038)

2	1	4	3	5	6
3	5	6	4	2	1
4	6	3	5	1	2
5	2	1	6	4	3
1	3	5	2	6	4
6	4	2	1	3	5

(039)

6	4	2	3	5	1
5	3	1	2	4	6
1	6	4	5	3	2
3	2	5	1	6	4
4	1	3	6	2	5
2	5	6	4	1	3

(040)

2	7	1	6	3	5	4
4	6	7	2	5	1	3
3	5	4	1	7	6	2
5	1	2	4	6	3	7
7	2	5	3	1	4	6
6	4	3	5	2	7	1
1	3	6	7	4	2	5

(041)

3	2	7	6	8	1	9	5	4
4	6	8	9	5	7	2	3	1
5	9	1	2	4	3	8	6	7
1	3	5	8	2	6	4	7	9
2	4	9	3	7	5	1	8	6
7	8	6	1	9	4	3	2	5
6	7	2	4	3	9	5	1	8
8	5	4	7	1	2	6	9	3
9	1	3	5	6	8	7	4	2

(042)

1	9	4	2	7	8	5	6	3
8	2	5	6	9	3	7	1	4
7	6	3	5	4	1	9	8	2
3	7	9	1	6	2	8	4	5
5	4	1	8	3	7	2	9	6
2	8	6	4	5	9	1	3	7
6	3	8	9	2	5	4	7	1
4	1	2	7	8	6	3	5	9
9	5	7	3	1	4	6	2	8

(043)

7	3	9	2	6	1	4	5	8
6	8	4	7	5	9	1	2	3
1	2	5	3	8	4	7	9	6
2	9	1	4	7	8	6	3	5
5	7	3	1	9	6	2	8	4
4	6	8	5	3	2	9	1	7
8	4	6	9	1	5	3	7	2
9	5	7	6	2	3	8	4	1
3	1	2	8	4	7	5	6	9

(044)

3	5	6	8	7	1	4	2	9
1	4	8	3	2	9	6	7	5
7	2	9	6	4	5	1	3	8
2	7	1	9	8	6	3	5	4
9	3	4	5	1	7	2	8	6
8	6	5	4	3	2	7	9	1
5	9	3	7	6	4	8	1	2
6	1	7	2	9	8	5	4	3
4	8	2	1	5	3	9	6	7

(045)

6	5	1	9	8	7	3	2	4
3	4	8	5	1	2	6	7	9
7	2	9	4	3	6	8	1	5
2	1	3	7	4	8	9	5	6
5	8	7	6	9	3	1	4	2
4	9	6	2	5	1	7	3	8
9	6	4	3	7	5	2	8	1
1	7	2	8	6	4	5	9	3
8	3	5	1	2	9	4	6	7

(046)

3	6	1	8	7	2	9	4	5
8	4	7	1	5	9	3	6	2
9	2	5	3	4	6	7	1	8
4	9	3	7	8	1	5	2	6
2	7	8	4	6	5	1	9	3
1	5	6	9	2	3	4	8	7
5	8	9	2	1	7	6	3	4
6	3	4	5	9	8	2	7	1
7	1	2	6	3	4	8	5	9

(047)

7	2	9	4	8	1	3	6	5
8	3	5	2	6	9	4	7	1
1	6	4	7	5	3	2	9	8
6	5	8	9	2	7	1	4	3
4	9	7	1	3	5	8	2	6
2	1	3	6	4	8	7	5	9
3	8	2	5	9	4	6	1	7
5	4	1	8	7	6	9	3	2
9	7	6	3	1	2	5	8	4

(048)

9	8	1	5	3	6	2	7	4
5	3	2	4	7	8	1	6	9
4	7	6	2	1	9	8	5	3
3	2	4	8	5	1	6	9	7
6	1	5	7	9	3	4	8	2
8	9	7	6	2	4	3	1	5
1	5	3	9	8	2	7	4	6
7	4	8	3	6	5	9	2	1
2	6	9	1	4	7	5	3	8

（049）

1	6	4	3	5	2
2	3	5	6	1	4
6	1	3	2	4	5
4	5	2	1	6	3
3	4	6	5	2	1
5	2	1	4	3	6

（050）

	5	2	2	3	1	3	
4	2	4	5	3	6	1	2
2	3	6	1	2	5	4	3
3	4	3	2	5	1	6	1
2	5	1	6	4	2	3	3
4	1	2	4	6	3	5	2
1	6	5	3	1	4	2	4
	1	2	3	2	3	3	

（051）

4	8	1	9	5	6	3	2	7
9	3	7	2	8	4	6	5	1
6	2	5	7	3	1	8	4	9
8	5	9	1	4	3	2	7	6
7	1	6	8	2	5	9	3	4
3	4	2	6	7	9	1	8	5
5	6	4	3	9	8	7	1	2
2	9	8	4	1	7	5	6	3
1	7	3	5	6	2	4	9	8

（052）

9	5	6	1	4	7	2	8	3
7	8	2	6	5	1	3	9	4
5	3	4	7	2	9	8	1	6
1	4	3	9	8	2	7	6	5
8	2	9	4	1	5	6	3	7
2	6	5	3	7	8	1	4	9
4	7	8	2	6	3	9	5	1
6	9	1	8	3	4	5	7	2
3	1	7	5	9	6	4	2	8

（053）

3	1	8	5	4	9	2	7	6
2	6	9	7	1	3	8	4	5
7	4	5	6	8	2	9	3	1
5	2	3	1	9	8	7	6	4
4	8	7	2	6	5	3	1	9
6	9	1	3	7	4	5	8	2
1	5	6	8	2	7	4	9	3
8	3	4	9	5	6	1	2	7
9	7	2	4	3	1	6	5	8

（054）

8	4	1	7	2	5	6	3	9
7	6	2	1	9	3	4	5	8
9	5	3	4	6	8	1	7	2
4	8	5	9	1	6	3	2	7
3	1	9	2	5	7	8	4	6
6	2	7	3	8	4	5	9	1
2	9	6	5	3	1	7	8	4
1	3	4	8	7	9	2	6	5
5	7	8	6	4	2	9	1	3

（055）

1	9	6	4	3	7	5	8	2
3	2	4	1	8	5	9	6	7
7	8	5	9	6	2	1	3	4
4	7	8	5	9	6	2	1	3
2	6	1	8	4	3	7	5	9
5	3	9	7	2	1	8	4	6
8	5	3	6	7	9	4	2	1
9	1	2	3	5	4	6	7	8
6	4	7	2	1	8	3	9	5

（056）

4	1	2	3
3	2	1	4
1	3	4	2
2	4	3	1

2	3	1	4
4	1	2	3
3	2	4	1
1	4	3	2

(057)

5	6	4	2	3	1
1	2	3	4	6	5
4	1	6	3	5	2
2	3	5	6	1	4
3	5	2	1	4	6
6	4	1	5	2	3

(058)

4	1	3	6	5	2
6	2	5	4	1	3
2	3	6	1	4	5
1	5	4	3	2	6
5	6	1	2	3	4
3	4	2	5	6	1

(059)

5	8	1	4	6	9	7	3	2
4	9	7	3	1	2	5	6	8
3	6	2	5	7	8	9	1	4
7	1	9	8	2	6	3	4	5
8	5	6	9	4	3	2	7	1
2	3	4	1	5	7	8	9	6
1	7	5	2	9	4	6	8	3
9	2	3	6	8	1	4	5	7
6	4	8	7	3	5	1	2	9

(060)

3	5	9	7	6	1	8	4	2
1	8	2	9	5	4	6	3	7
4	6	7	2	3	8	9	5	1
6	4	3	5	8	7	1	2	9
2	7	1	4	9	3	5	6	8
8	9	5	6	1	2	4	7	3
9	1	4	3	7	5	2	8	6
7	2	6	8	4	9	3	1	5
5	3	8	1	2	6	7	9	4

(061)

7	4	8	3	6	9	5	1	2
9	3	2	4	5	1	7	8	6
1	5	6	7	8	2	3	9	4
6	1	4	8	2	7	9	3	5
3	2	5	1	9	6	8	4	7
8	7	9	5	3	4	2	6	1
4	9	7	2	1	8	6	5	3
2	8	3	6	4	5	1	7	9
5	6	1	9	7	3	4	2	8

(062)

9	8	7	2	1	5	4	3	6
1	4	6	8	3	7	9	2	5
3	2	5	4	9	6	8	7	1
8	5	1	3	7	9	6	4	2
7	6	4	1	5	2	3	9	8
2	3	9	6	8	4	5	1	7
6	9	8	7	4	1	2	5	3
4	7	2	5	6	3	1	8	9
5	1	3	9	2	8	7	6	4

(063)

4	2	6	1	3	5
3	1	5	6	4	2
6	3	2	5	1	4
1	5	4	3	2	6
5	4	1	2	6	3
2	6	3	4	5	1

(064)

(065)

5	4	1	6	3	2
3	6	2	1	4	5
1	5	3	2	6	4
6	2	4	3	5	1
4	1	6	5	2	3
2	3	5	4	1	6

(066)

4	6	2	1	5	3
5	1	3	2	4	6
3	2	6	5	1	4
1	5	4	6	3	2
2	3	5	4	6	1
6	4	1	3	2	5

(067)

3	6	2	1	4	5
1	4	5	6	3	2
4	2	1	3	5	6
6	5	3	2	1	4
5	3	6	4	2	1
2	1	4	5	6	3

(068)

4	2	7	8	3	5	6	1	9
8	5	1	6	9	7	3	4	2
3	9	6	1	2	4	8	5	7
6	8	2	9	4	1	7	3	5
9	7	3	2	5	6	1	8	4
1	4	5	7	8	3	2	9	6
7	6	4	5	1	8	9	2	3
5	1	9	3	6	2	4	7	8
2	3	8	4	7	9	5	6	1

(069)

7	3	2	5	6	1	8	4	9
1	9	6	8	3	4	7	5	2
4	5	8	7	9	2	6	3	1
5	6	9	3	1	8	2	7	4
2	8	7	9	4	5	3	1	6
3	4	1	6	2	7	5	9	8
9	2	3	1	5	6	4	8	7
6	7	5	4	8	9	1	2	3
8	1	4	2	7	3	9	6	5

(070)

8	7	3	6	2	9	5	4	1
1	9	5	3	8	4	6	2	7
4	6	2	5	7	1	8	9	3
2	3	6	8	9	7	4	1	5
9	1	4	2	3	5	7	8	6
7	5	8	1	4	6	2	3	9
6	8	1	9	5	2	3	7	4
5	2	7	4	1	3	9	6	8
3	4	9	7	6	8	1	5	2

(071)

7	2	6	4	1	8	5	3	9
9	5	8	6	7	3	1	4	2
3	4	1	2	9	5	6	7	8
8	7	9	3	2	6	4	1	5
4	6	2	1	5	9	7	8	3
5	1	3	7	8	4	9	2	6
6	8	7	5	3	1	2	9	4
2	3	5	9	4	7	8	6	1
1	9	4	8	6	2	3	5	7

(072)

5	4	1	6	2	3
6	3	2	5	4	1
3	5	4	2	1	6
1	2	6	4	3	5
4	6	3	1	5	2
2	1	5	3	6	4

6	2	4	3	5	1
3	1	5	6	4	2
4	5	2	1	6	3
1	6	3	4	2	5
5	4	1	2	3	6
2	3	6	5	1	4

(073)

3	4	1	2	5
1	2	3	5	4
2	5	4	3	1
5	1	2	4	3
4	3	5	1	2

(074)

4	5	3	1	2
2	4	1	3	5
5	1	4	2	3
3	2	5	4	1
1	3	2	5	4

(075)

1	4	2	5	3	6
6	3	5	4	1	2
2	1	6	3	4	5
3	5	4	2	6	1
4	2	1	6	5	3
5	6	3	1	2	4

(076)

3	1	5	2	6	4
4	6	2	1	3	5
5	2	4	6	1	3
6	3	1	5	4	2
1	5	3	4	2	6
2	4	6	3	5	1

(077)

8	3	4	7	2	5	6	9	1
7	2	6	4	1	9	3	8	5
9	5	1	6	3	8	2	4	7
2	9	5	1	4	3	7	6	8
6	8	7	5	9	2	1	3	4
4	1	3	8	6	7	5	2	9
3	4	2	9	5	1	8	7	6
1	6	8	2	7	4	9	5	3
5	7	9	3	8	6	4	1	2

(078)

6	3	1	7	4	5	8	9	2
8	4	9	2	6	1	7	3	5
2	7	5	3	9	8	4	6	1
4	8	2	5	7	6	3	1	9
9	5	3	1	2	4	6	7	8
7	1	6	9	8	3	2	5	4
5	9	7	8	3	2	1	4	6
3	6	8	4	1	9	5	2	7
1	2	4	6	5	7	9	8	3

(079)

4	1	2	3	5	6
3	6	5	2	1	4
1	5	4	6	3	2
6	2	3	5	4	1
5	4	6	1	2	3
2	3	1	4	6	5

(080)

（081）

6	4	3	1	5	2
5	1	2	3	6	4
2	6	5	4	1	3
1	3	4	6	2	5
3	5	1	2	4	6
4	2	6	5	3	1

（082）

4	2	3	1	5
3	5	1	2	4
1	4	5	3	2
5	3	2	4	1
2	1	4	5	3

（083）

5	3	2	4	1
1	4	5	2	3
3	2	4	1	5
2	1	3	5	4
4	5	1	3	2

（084）

6	5	4	1	3	2
2	3	1	5	6	4
4	1	2	3	5	6
3	6	5	4	2	1
5	4	6	2	1	3
1	2	3	6	4	5

（085）

1	3	4	5	6	2
5	2	6	3	1	4
4	1	3	6	2	5
2	6	5	4	3	1
6	4	1	2	5	3
3	5	2	1	4	6

（086）

6	9	5	8	1	2	4	7	3
1	2	4	7	5	3	6	8	9
8	7	3	9	6	4	2	5	1
2	6	8	3	4	7	1	9	5
3	4	1	5	9	6	7	2	8
9	5	7	2	8	1	3	4	6
5	3	2	6	7	8	9	1	4
4	8	6	1	2	9	5	3	7
7	1	9	4	3	5	8	6	2

（087）

2	7	3	9	5	6	1	4	8
4	1	9	3	8	7	2	6	5
6	8	5	1	4	2	3	7	9
9	2	8	6	7	1	5	3	4
5	3	7	4	2	9	6	8	1
1	6	4	8	3	5	9	2	7
8	9	1	2	6	4	7	5	3
3	5	6	7	9	8	4	1	2
7	4	2	5	1	3	8	9	6

（088）

1	5	3	4	6	2
6	2	4	3	1	5
5	6	2	1	4	3
3	4	1	2	5	6
4	3	6	5	2	1
2	1	5	6	3	4

5	4	1	3	6	2
2	6	3	5	1	4
4	1	5	2	3	6
6	3	2	1	4	5
1	5	6	4	2	3
3	2	4	6	5	1

(089)

3	2	4	1	6	5
1	6	5	2	3	4
5	3	2	6	4	1
4	1	6	3	5	2
6	5	1	4	2	3
2	4	3	5	1	6

(090)

6	3	1	4	2	5
4	5	2	6	3	1
5	2	6	3	1	4
3	1	4	2	5	6
2	4	5	1	6	3
1	6	3	5	4	2

(091)

4	7	3	2	5	6	9	8	1
8	1	5	3	9	4	2	7	6
2	6	9	7	8	1	3	5	4
5	8	2	4	6	9	7	1	3
6	9	7	8	1	3	4	2	5
3	4	1	5	2	7	8	6	9
7	2	6	9	4	5	1	3	8
1	3	4	6	7	8	5	9	2
9	5	8	1	3	2	6	4	7

(092)

7	6	8	5	3	2	1	4	9
3	9	4	6	8	1	7	2	5
2	1	5	9	7	4	3	8	6
9	7	2	4	6	3	5	1	8
8	3	1	2	9	5	6	7	4
5	4	6	7	1	8	2	9	3
1	8	7	3	4	6	9	5	2
4	5	3	1	2	9	8	6	7
6	2	9	8	5	7	4	3	1

(093)

6	9	3	8	4	5	1	2	7
8	2	4	6	1	7	5	9	3
7	1	5	3	9	2	8	4	6
1	5	7	2	3	6	9	8	4
4	3	6	5	8	9	7	1	2
9	8	2	1	7	4	6	3	5
2	7	8	9	6	3	4	5	1
3	6	9	4	5	1	2	7	8
5	4	1	7	2	8	3	6	9

(094)

7	9	5	3	1	4	2	8	6
2	3	4	6	5	8	9	7	1
8	1	6	9	7	2	3	4	5
1	4	7	8	2	3	5	6	9
3	2	9	5	6	7	4	1	8
5	6	8	1	4	9	7	2	3
9	7	3	4	8	6	1	5	2
6	5	2	7	3	1	8	9	4
4	8	1	2	9	5	6	3	7

(095)

7	4	8	3	2	9	1	5	6
2	1	9	4	6	5	3	8	7
5	3	6	1	8	7	4	2	9
1	9	2	7	4	3	5	6	8
6	8	7	2	5	1	9	4	3
3	5	4	8	9	6	2	7	1
8	2	3	9	7	4	6	1	5
9	7	5	6	1	2	8	3	4
4	6	1	5	3	8	7	9	2

(096)

(097)
3	7	8	4	5	1	2	9	6
9	1	5	3	6	2	7	4	8
4	6	2	8	9	7	3	5	1
1	3	6	9	2	4	5	8	7
5	9	7	6	8	3	1	2	4
2	8	4	7	1	5	9	6	3
8	5	3	2	7	6	4	1	9
7	2	9	1	4	8	6	3	5
6	4	1	5	3	9	8	7	2

(098)
3	6	1	7	8	9	4	5	2
7	5	9	6	4	2	3	1	8
4	8	2	3	5	1	7	6	9
1	3	6	2	9	8	5	7	4
2	4	8	1	7	5	9	3	6
5	9	7	4	3	6	8	2	1
9	1	3	5	2	4	6	8	7
8	2	5	9	6	7	1	4	3
6	7	4	8	1	3	2	9	5

(099)
9	1	2	7	3	4	8	5	6
5	4	8	9	2	6	1	7	3
6	7	3	5	1	8	2	4	9
8	5	1	3	6	7	9	2	4
2	6	4	8	5	9	7	3	1
3	9	7	1	4	2	5	6	8
7	3	9	4	8	5	6	1	2
4	2	5	6	9	1	3	8	7
1	8	6	2	7	3	4	9	5

(100)
5	1	3	4	6	7	8	9	2
4	9	6	2	8	3	5	1	7
7	8	2	1	5	9	4	3	6
9	5	8	7	1	6	3	2	4
6	2	4	3	9	8	1	7	5
1	3	7	5	4	2	9	6	8
2	4	5	9	7	1	6	8	3
3	6	1	8	2	5	7	4	9
8	7	9	6	3	4	2	5	1

(101)
9	5	7	4	3	1	2	8	6
8	1	6	9	5	2	7	3	4
3	4	2	6	8	7	1	5	9
2	8	1	3	4	5	9	6	7
5	6	4	8	7	9	3	2	1
7	3	9	1	2	6	5	4	8
4	7	5	2	1	8	6	9	3
1	9	8	5	6	3	4	7	2
6	2	3	7	9	4	8	1	5

(102)
9	7	2	8	6	4	3	1	5
1	4	5	9	3	7	8	2	6
3	8	6	5	2	1	9	7	4
8	3	7	6	1	5	4	9	2
2	9	4	7	8	3	6	5	1
6	5	1	2	4	9	7	8	3
7	1	3	4	9	2	5	6	8
5	2	8	3	7	6	1	4	9
4	6	9	1	5	8	2	3	7

(103)
4	8	9	3	6	7	5	1	2
6	7	2	9	5	1	3	8	4
1	5	3	2	8	4	6	7	9
2	6	1	7	9	3	8	4	5
3	9	5	4	2	8	7	6	1
7	4	8	6	1	5	9	2	3
8	1	4	5	3	6	2	9	7
9	3	6	1	7	2	4	5	8
5	2	7	8	4	9	1	3	6

(104)
1	4	5	3	2	6
5	6	4	1	3	2
4	2	3	6	1	5
3	5	1	2	6	4
2	1	6	5	4	3
6	3	2	4	5	1

（105）

1	5	3	6	2	4
5	4	2	1	6	3
3	2	4	5	1	6
6	1	5	3	4	2
4	6	1	2	3	5
2	3	6	4	5	1

（106）

5	6	3	4	2	1
1	5	4	2	6	3
3	2	6	1	4	5
6	4	1	3	5	2
4	3	2	5	1	6
2	1	5	6	3	4

（107）

3	1	6	5	2	4
5	4	3	2	1	6
6	2	1	4	5	3
1	6	2	3	4	5
4	3	5	1	6	2
2	5	4	6	3	1

（108）

1	5	2	6	4	3
4	6	3	5	2	1
3	4	5	1	6	2
2	1	6	3	5	4
5	3	4	2	1	6
6	2	1	4	3	5

（109）

4	2	5	6	1	3
3	6	1	5	2	4
5	1	2	4	3	6
6	4	3	1	5	2
1	3	4	2	6	5
2	5	6	3	4	1

（110）

1	5	4	3	6	2
3	2	6	4	5	1
4	1	5	6	2	3
6	3	2	5	1	4
5	4	1	2	3	6
2	6	3	1	4	5

（111）

6	1	4	5	2	3
3	2	5	4	6	1
1	4	2	6	3	5
5	6	3	1	4	2
4	3	1	2	5	6
2	5	6	3	1	4

（112）

4	3	1	2	5	6
6	2	5	4	3	1
1	6	2	5	4	3
5	4	3	1	6	2
2	5	6	3	1	4
3	1	4	6	2	5

(113)

4	6	2	1	3	5
1	3	5	6	2	4
2	4	3	5	6	1
5	1	6	2	4	3
3	2	1	4	5	6
6	5	4	3	1	2

(114)

3	2	1	4	6	5
6	4	5	2	1	3
1	5	3	6	2	4
2	6	4	5	3	1
4	1	6	3	5	2
5	3	2	1	4	6

(115)

1	3	6	4	5	2
2	5	4	3	1	6
4	1	2	6	3	5
3	6	5	2	4	1
5	2	3	1	6	4
6	4	1	5	2	3

(116)

8	7	4	2	6	9	1	3	5
2	1	9	3	7	5	8	6	4
6	5	3	4	8	1	7	2	9
1	9	8	6	4	3	2	5	7
7	3	6	5	9	2	4	8	1
5	4	2	8	1	7	6	9	3
3	6	1	9	2	4	5	7	8
9	2	7	1	5	8	3	4	6
4	8	5	7	3	6	9	1	2

(117)

4	3	8	2	7	5	1	6	9
1	9	7	6	3	4	8	5	2
5	2	6	8	1	9	3	4	7
2	8	3	7	5	6	9	1	4
9	6	1	4	2	3	7	8	5
7	4	5	1	9	8	6	2	3
3	1	4	9	8	2	5	7	6
6	7	9	5	4	1	2	3	8
8	5	2	3	6	7	4	9	1

(118)

2	5	8	1	7	6	4	3	9
3	1	9	4	2	5	8	6	7
6	4	7	3	8	9	2	5	1
7	9	1	6	3	8	5	2	4
4	6	2	7	5	1	3	9	8
5	8	3	2	9	4	1	7	6
1	2	4	5	6	7	9	8	3
9	3	6	8	1	2	7	4	5
8	7	5	9	4	3	6	1	2

(119)

1	6	9	3	7	8	2	4	5
4	2	7	5	6	9	1	8	3
8	5	3	2	4	1	9	7	6
6	1	2	4	9	7	3	5	8
5	3	4	8	1	2	6	9	7
9	7	8	6	3	5	4	1	2
2	9	1	7	8	6	5	3	4
3	8	5	9	2	4	7	6	1
7	4	6	1	5	3	8	2	9

(120)

7	4	8	2	6	5	3	9	1
6	9	2	1	3	8	4	5	7
3	1	5	9	7	4	6	2	8
1	2	7	5	4	9	8	3	6
9	3	4	8	2	6	7	1	5
8	5	6	7	1	3	2	4	9
2	8	1	3	9	7	5	6	4
5	6	3	4	8	1	9	7	2
4	7	9	6	5	2	1	8	3

(121)

8	1	6	7	5	4	9	3	2
9	4	7	3	6	2	1	5	8
3	5	2	9	8	1	7	6	4
2	7	1	5	3	8	6	4	9
4	9	3	6	2	7	5	8	1
5	6	8	1	4	9	3	2	7
7	8	5	4	1	3	2	9	6
6	2	9	8	7	5	4	1	3
1	3	4	2	9	6	8	7	5

(122)

8	6	2	5	3	7	4	1	9
7	3	1	8	4	9	6	2	5
5	4	9	1	2	6	7	8	3
4	7	8	9	5	1	3	6	2
3	1	5	2	6	4	9	7	8
2	9	6	3	7	8	5	4	1
9	2	7	4	1	5	8	3	6
6	8	3	7	9	2	1	5	4
1	5	4	6	8	3	2	9	7

(123)

9	5	1	6	4	3	7	2	8
3	8	4	7	9	2	5	1	6
6	2	7	8	5	1	4	3	9
7	6	8	3	2	5	1	9	4
5	4	9	1	6	8	3	7	2
2	1	3	4	7	9	8	6	5
1	3	6	9	8	4	2	5	7
4	7	5	2	3	6	9	8	1
8	9	2	5	1	7	6	4	3

(124)

1	3	6	9	2	4	5	8	7
8	2	7	5	3	1	6	4	9
9	4	5	8	6	7	1	2	3
5	7	8	4	1	3	2	9	6
3	1	2	6	5	9	4	7	8
4	6	9	7	8	2	3	5	1
6	9	1	2	7	5	8	3	4
7	5	3	1	4	8	9	6	2
2	8	4	3	9	6	7	1	5

(125)

1	3	2	6	8	9	7	4	5
6	7	8	3	4	5	9	1	2
4	5	9	7	2	1	8	3	6
7	8	4	1	9	6	5	2	3
5	2	1	8	7	3	4	6	9
3	9	6	4	5	2	1	7	8
9	1	5	2	6	7	3	8	4
2	4	7	9	3	8	6	5	1
8	6	3	5	1	4	2	9	7

(126)

4	7	6	5	9	2	8	3	1
2	9	3	8	1	6	5	7	4
1	8	5	4	7	3	9	2	6
3	4	8	9	2	5	1	6	7
5	6	2	1	8	7	4	9	3
9	1	7	3	6	4	2	8	5
8	3	9	6	4	1	7	5	2
6	2	4	7	5	8	3	1	9
7	5	1	2	3	9	6	4	8

(127)

6	9	7	5	3	1	4	2	8
2	1	5	6	4	8	7	9	3
8	4	3	9	7	2	6	5	1
9	6	2	4	5	3	8	1	7
3	8	4	2	1	7	5	6	9
7	5	1	8	6	9	3	4	2
5	3	8	1	2	4	9	7	6
1	7	6	3	9	5	2	8	4
4	2	9	7	8	6	1	3	5

(128)

8	6	7	9	5	4	1	2	3
1	5	2	8	3	6	4	9	7
9	3	4	2	7	1	5	8	6
5	2	1	3	4	8	7	6	9
4	9	3	6	2	7	8	5	1
6	7	8	5	1	9	3	4	2
2	4	9	7	8	3	6	1	5
7	1	5	4	6	2	9	3	8
3	8	6	1	9	5	2	7	4

(129)

7	4	1	8	5	9	3	2	6
9	2	5	6	1	3	7	8	4
3	6	8	4	7	2	5	9	1
2	1	3	7	4	5	8	6	9
8	9	4	2	3	6	1	5	7
5	7	6	9	8	1	2	4	3
1	3	9	5	2	4	6	7	8
4	5	7	3	6	8	9	1	2
6	8	2	1	9	7	4	3	5

(130)

7	5	8	9	4	3	6	2	1
6	3	2	5	1	7	9	8	4
4	9	1	6	2	8	7	3	5
2	1	3	4	8	9	5	6	7
9	8	6	1	7	5	2	4	3
5	4	7	3	6	2	8	1	9
3	6	9	8	5	1	4	7	2
8	2	5	7	3	4	1	9	6
1	7	4	2	9	6	3	5	8

(131)

6	1	7	5	2	3	9	8	4
5	3	9	7	8	4	2	6	1
8	2	4	6	9	1	5	7	3
4	9	2	3	1	6	7	5	8
1	7	8	2	4	5	6	3	9
3	5	6	9	7	8	1	4	2
9	6	5	8	3	2	4	1	7
7	8	1	4	5	9	3	2	6
2	4	3	1	6	7	8	9	5

(132)

9	1	7	5	3	8	2	4	6
3	6	2	4	9	1	7	5	8
8	5	4	2	6	7	3	1	9
1	3	5	9	7	6	8	2	4
7	4	9	1	8	2	5	6	3
2	8	6	3	4	5	1	9	7
5	9	3	8	2	4	6	7	1
4	7	1	6	5	3	9	8	2
6	2	8	7	1	9	4	3	5

(133)

1	5	8	7	3	4	2	9	6
3	6	9	1	5	2	4	7	8
4	7	2	8	9	6	3	5	1
8	4	5	3	7	1	6	2	9
7	2	1	4	6	9	5	8	3
9	3	6	5	2	8	7	1	4
5	8	3	9	4	7	1	6	2
6	1	7	2	8	3	9	4	5
2	9	4	6	1	5	8	3	7

(134)

2	4	5	3	6	1
6	3	1	2	5	4
3	6	4	5	1	2
5	1	2	4	3	6
4	5	6	1	2	3
1	2	3	6	4	5

(135)

4	6	3	1	5	2
2	5	1	3	4	6
6	2	4	5	1	3
1	3	5	2	6	4
5	4	2	6	3	1
3	1	6	4	2	5

(136)

1	7	3	4	6	2	5
7	6	2	5	3	4	1
2	5	4	6	7	1	3
3	1	6	2	5	7	4
4	2	5	7	1	3	6
5	3	7	1	4	6	2
6	4	1	3	2	5	7

1	3	7	5	6	2	4
4	2	6	3	5	1	7
6	1	5	7	3	4	2
2	4	1	6	7	3	5
7	5	2	1	4	6	3
3	7	4	2	1	5	6
5	6	3	4	2	7	1

(137)

4	3	5	6	7	2	1	8	9
2	6	1	4	9	8	5	7	3
8	7	9	5	3	1	2	4	6
7	5	3	2	8	4	9	6	1
6	2	8	7	1	9	3	5	4
1	9	4	3	6	5	7	2	8
3	4	6	9	5	7	8	1	2
9	8	7	1	2	6	4	3	5
5	1	2	8	4	3	6	9	7

(138)

3	7	5	4	6	9	1	8	2
2	1	8	7	5	3	6	9	4
4	6	9	8	1	2	7	3	5
8	4	3	6	7	1	2	5	9
7	9	1	2	8	5	3	4	6
5	2	6	3	9	4	8	7	1
9	8	4	1	2	7	5	6	3
1	5	7	9	3	6	4	2	8
6	3	2	5	4	8	9	1	7

(139)

1	9	3	5	6	8	7	2	4
6	7	4	1	9	2	5	3	8
8	5	2	4	7	3	9	6	1
3	8	6	9	4	1	2	7	5
4	1	9	2	5	7	3	8	6
7	2	5	8	3	6	4	1	9
5	3	7	6	1	4	8	9	2
9	6	8	3	2	5	1	4	7
2	4	1	7	8	9	6	5	3

(140)

1	5	3	6	2	4	9	7	8
4	6	9	8	1	7	3	5	2
8	2	7	9	5	3	1	4	6
5	9	6	4	8	2	7	3	1
3	7	8	1	9	6	5	2	4
2	4	1	7	3	5	8	6	9
7	1	4	3	6	8	2	9	5
9	3	2	5	4	1	6	8	7
6	8	5	2	7	9	4	1	3

(141)

2	5	1	3	4	6
3	6	4	5	2	1
1	4	2	6	3	5
5	3	6	2	1	4
6	1	3	4	5	2
4	2	5	1	6	3

(142)

3	4	2	6	1	5
6	5	1	4	2	3
4	2	6	5	3	1
5	1	3	2	6	4
1	6	5	3	4	2
2	3	4	1	5	6

(143)

1	4	6	2	5	3
5	2	3	4	6	1
6	5	4	1	3	2
3	1	2	5	4	6
2	6	5	3	1	4
4	3	1	6	2	5

(144)

(145)

5	2	1	4	3	6
3	6	4	5	2	1
1	3	2	6	4	5
6	4	5	2	1	3
4	1	6	3	5	2
2	5	3	1	6	4

(146)

1	5	4	9	8	7	3	2	6
7	2	8	4	6	3	5	1	9
9	3	6	2	1	5	8	7	4
3	6	1	7	4	8	9	5	2
5	9	7	1	2	6	4	3	8
8	4	2	3	5	9	1	6	7
4	8	3	5	7	2	6	9	1
6	7	9	8	3	1	2	4	5
2	1	5	6	9	4	7	8	3

(147)

7	8	5	9	3	1	4	2	6
1	4	3	7	2	6	5	8	9
9	6	2	8	5	4	1	3	7
4	9	8	2	6	7	3	1	5
5	2	7	1	9	3	6	4	8
6	3	1	4	8	5	7	9	2
8	5	6	3	4	2	9	7	1
3	7	9	6	1	8	2	5	4
2	1	4	5	7	9	8	6	3

(148)

5	2	4	3	1	9	8	7	6
6	7	9	4	5	8	3	1	2
3	1	8	6	2	7	5	4	9
1	6	2	5	9	4	7	8	3
4	8	7	2	6	3	9	5	1
9	3	5	8	7	1	6	2	4
8	9	6	1	4	5	2	3	7
2	4	3	7	8	6	1	9	5
7	5	1	9	3	2	4	6	8

(149)

9	5	3	8	4	2	7	1	6
7	2	6	3	5	1	4	9	8
8	4	1	6	7	9	2	5	3
4	3	7	5	2	8	1	6	9
5	8	2	1	9	6	3	4	7
6	1	9	7	3	4	5	8	2
3	7	4	9	8	5	6	2	1
1	9	5	2	6	3	8	7	4
2	6	8	4	1	7	9	3	5

(150)

7	4	9	6	3	2	5	8	1
3	6	5	7	8	1	2	9	4
8	2	1	4	9	5	7	6	3
6	7	4	3	5	8	1	2	9
2	5	3	9	1	4	8	7	6
9	1	8	2	6	7	3	4	5
1	9	6	8	7	3	4	5	2
5	8	2	1	4	9	6	3	7
4	3	7	5	2	6	9	1	8

(151)

3	6	5	7	9	4	8	2	1
7	4	8	2	6	1	5	3	9
9	1	2	8	3	5	6	4	7
2	8	7	4	5	9	3	1	6
5	3	6	1	8	7	2	9	4
4	9	1	3	2	6	7	8	5
1	2	4	5	7	3	9	6	8
8	5	9	6	4	2	1	7	3
6	7	3	9	1	8	4	5	2

(152)

5	1	9	3	6	4	8	2	7
2	6	7	9	5	8	3	4	1
8	3	4	7	2	1	9	5	6
1	2	3	6	4	7	5	8	9
4	5	6	2	8	9	1	7	3
7	9	8	1	3	5	4	6	2
9	4	2	8	7	3	6	1	5
6	8	1	5	9	2	7	3	4
3	7	5	4	1	6	2	9	8

5	4	3	1	6	9	8	2	7
2	6	8	5	3	7	1	4	9
1	9	7	2	8	4	6	3	5
8	7	5	9	4	6	3	1	2
3	2	4	8	1	5	7	9	6
9	1	6	3	7	2	5	8	4
7	8	2	4	5	3	9	6	1
4	5	1	6	9	8	2	7	3
6	3	9	7	2	1	4	5	8

(153)

9	5	7	6	2	3	4	1	8
4	1	3	9	7	8	2	6	5
6	2	8	5	4	1	9	7	3
8	7	4	1	5	2	3	9	6
5	3	9	8	6	7	1	2	4
2	6	1	4	3	9	8	5	7
1	8	6	3	9	5	7	4	2
7	9	5	2	8	4	6	3	1
3	4	2	7	1	6	5	8	9

(154)

9	8	7	2	4	6	5	3	1
5	1	6	7	9	3	8	2	4
3	2	4	1	8	5	9	7	6
6	9	8	5	2	4	7	1	3
7	3	1	9	6	8	4	5	2
2	4	5	3	1	7	6	8	9
8	7	9	4	3	2	1	6	5
1	5	3	6	7	9	2	4	8
4	6	2	8	5	1	3	9	7

(155)

8	9	2	7	1	5	4	3	6
3	5	7	8	4	6	9	1	2
6	1	4	3	9	2	8	5	7
9	7	1	5	2	3	6	4	8
5	8	6	9	7	4	3	2	1
2	4	3	6	8	1	7	9	5
1	3	5	4	6	7	2	8	9
4	6	9	2	5	8	1	7	3
7	2	8	1	3	9	5	6	4

(156)

9	2	7	1	5	3	6	4	8
4	3	1	6	8	9	7	5	2
8	6	5	4	7	2	9	3	1
2	8	6	3	4	5	1	9	7
7	4	3	9	2	1	8	6	5
5	1	9	8	6	7	3	2	4
3	5	2	7	1	6	4	8	9
6	7	8	2	9	4	5	1	3
1	9	4	5	3	8	2	7	6

(157)

9	7	4	2	3	5	1	6	8
2	6	3	8	1	9	7	5	4
1	8	5	7	4	6	3	9	2
6	4	8	1	7	2	9	3	5
5	1	9	3	6	4	8	2	7
3	2	7	5	9	8	6	4	1
7	5	1	6	2	3	4	8	9
4	3	2	9	8	1	5	7	6
8	9	6	4	5	7	2	1	3

(158)

7	6	8	3	1	4	2	5	9
4	2	1	8	5	9	3	6	7
9	3	5	2	7	6	4	8	1
5	8	3	1	9	7	6	4	2
2	1	9	4	6	3	5	7	8
6	4	7	5	8	2	1	9	3
3	9	2	7	4	5	8	1	6
8	7	4	6	2	1	9	3	5
1	5	6	9	3	8	7	2	4

(159)

7	8	2	5	6	1	3	9	4
5	4	1	9	3	7	8	6	2
6	9	3	4	2	8	1	5	7
9	7	6	3	4	2	5	1	8
2	3	5	8	1	9	7	4	6
4	1	8	7	5	6	2	3	9
3	2	4	6	7	5	9	8	1
8	5	7	1	9	4	6	2	3
1	6	9	2	8	3	4	7	5

(160)

（161）

5	7	1	4	2	3	6	9	8
9	6	8	7	1	5	4	2	3
4	2	3	9	6	8	1	5	7
3	9	6	8	7	1	5	4	2
8	4	2	6	5	9	7	3	1
1	5	7	2	3	4	9	8	6
6	3	9	5	8	7	2	1	4
2	1	4	3	9	6	8	7	5
7	8	5	1	4	2	3	6	9

（162）

8	3	6	2	7	1	5	4	9
2	1	9	5	6	4	8	3	7
7	5	4	8	9	3	6	2	1
5	2	8	6	1	9	3	7	4
6	9	3	4	2	7	1	5	8
1	4	7	3	8	5	9	6	2
3	7	5	1	4	8	2	9	6
4	8	2	9	3	6	7	1	5
9	6	1	7	5	2	4	8	3

（163）

1	8	7	6	9	2	4	5	3
2	9	6	4	5	3	8	7	1
3	5	4	1	8	7	2	9	6
8	7	9	3	6	4	1	2	5
4	2	1	5	7	8	6	3	9
6	3	5	9	2	1	7	4	8
7	6	3	2	1	5	9	8	4
5	1	8	7	4	9	3	6	2
9	4	2	8	3	6	5	1	7

（164）

5	1	3	4	6	2
6	2	4	5	3	1
2	6	5	1	4	3
3	4	1	6	2	5
1	3	6	2	5	4
4	5	2	3	1	6

（165）

1	4	2	5	3	6
5	3	6	2	1	4
6	2	3	1	4	5
4	1	5	3	6	2
3	5	4	6	2	1
2	6	1	4	5	3

（166）

6	3	8	4	1	9	7	2	5
7	5	2	8	3	6	1	9	4
4	1	9	2	7	5	3	8	6
8	2	1	6	5	3	4	7	9
5	6	4	7	9	2	8	1	3
9	7	3	1	4	8	6	5	2
2	8	5	3	6	1	9	4	7
1	4	6	9	2	7	5	3	8
3	9	7	5	8	4	2	6	1

（167）

2	5	7	3	6	1	9	8	4
8	1	9	2	4	7	6	5	3
4	6	3	5	9	8	2	7	1
9	8	4	1	7	6	5	3	2
1	2	5	9	8	3	7	4	6
7	3	6	4	2	5	1	9	8
5	9	2	8	1	4	3	6	7
3	7	8	6	5	2	4	1	9
6	4	1	7	3	9	8	2	5

（168）

6	2	4	1	9	8	7	5	3
9	5	1	6	7	3	2	4	8
8	3	7	4	5	2	6	9	1
2	4	5	3	8	7	9	1	6
1	8	9	5	2	6	4	3	7
7	6	3	9	1	4	8	2	5
3	9	8	2	6	5	1	7	4
4	1	6	7	3	9	5	8	2
5	7	2	8	4	1	3	6	9

8	5	2	7	6	1	9	4	3
1	6	4	3	9	8	5	7	2
9	3	7	4	5	2	8	1	6
6	2	9	5	7	4	3	8	1
3	7	1	8	2	6	4	5	9
4	8	5	9	1	3	6	2	7
7	4	6	2	8	9	1	3	5
2	1	3	6	4	5	7	9	8
5	9	8	1	3	7	2	6	4

（169）

6	5	1	2	9	7	8	4	3
9	3	7	6	4	8	1	5	2
4	2	8	5	1	3	7	9	6
1	4	5	3	7	6	9	2	8
3	8	6	9	2	1	4	7	5
7	9	2	4	8	5	6	3	1
5	7	4	1	6	2	3	8	9
2	6	9	8	3	4	5	1	7
8	1	3	7	5	9	2	6	4

（170）

9	2	5	8	6	7	4	3	1
1	6	4	2	3	5	9	7	8
7	3	8	4	9	1	2	6	5
8	1	7	5	2	4	6	9	3
4	9	6	3	7	8	1	5	2
3	5	2	9	1	6	8	4	7
6	8	1	7	5	9	3	2	4
5	4	3	6	8	2	7	1	9
2	7	9	1	4	3	5	8	6

（171）

	2	3	4	3	1	2	
3	1	4	3	2	6	5	2
1	6	5	2	4	1	3	4
2	3	6	4	1	5	2	3
2	5	2	1	3	4	6	1
3	2	1	5	6	3	4	2
2	4	3	6	5	2	1	4
	3	2	1	2	5	3	

（172）

	1	3	3	2	4	4	
1	6	3	4	5	1	2	3
3	2	5	1	6	4	3	3
2	3	6	2	1	5	4	3
3	4	1	5	3	2	6	1
3	1	2	6	4	3	5	2
2	5	4	3	2	6	1	2
	2	2	2	3	1	3	

（173）

2	9	1	7	3	4	8	6	5
6	4	9	3	8	5	1	2	7
3	2	5	4	7	8	6	1	9
1	5	6	8	4	9	2	7	3
5	1	8	2	9	3	7	4	6
7	8	4	9	6	2	5	3	1
9	7	3	1	5	6	4	8	2
8	3	7	6	2	1	9	5	4
4	6	2	5	1	7	3	9	8

（174）

2	4	9	8	6	5	3	1	7
1	3	5	7	9	4	2	8	6
3	7	8	6	2	1	5	4	9
9	6	1	4	5	8	7	3	2
4	8	7	9	1	3	6	2	5
7	5	2	3	8	6	1	9	4
6	2	4	1	7	9	8	5	3
8	9	6	5	3	2	4	7	1
5	1	3	2	4	7	9	6	8

（175）

2	8	1	4	9	7	3	5	6
7	5	3	6	8	2	4	1	9
4	9	6	3	5	1	2	8	7
3	7	9	5	6	4	1	2	8
8	6	4	2	1	3	9	7	5
1	2	5	8	7	9	6	3	4
5	3	8	1	4	6	7	9	2
6	1	7	9	2	5	8	4	3
9	4	2	7	3	8	5	6	1

（176）

(177)

4	2	7	9	6	8	5	3	1
6	9	5	4	3	1	2	7	8
1	8	3	7	5	2	6	4	9
5	7	1	3	8	6	9	2	4
9	3	6	2	7	4	1	8	5
2	4	8	1	9	5	3	6	7
8	6	2	5	1	7	4	9	3
7	1	9	6	4	3	8	5	2
3	5	4	8	2	9	7	1	6

(178)

1	4	5	8	2	9	3	6	7
8	7	9	3	6	4	5	1	2
6	2	3	1	7	5	8	9	4
5	3	1	4	9	7	2	8	6
7	9	4	6	8	2	1	3	5
2	8	6	5	3	1	4	7	9
4	6	8	9	5	3	7	2	1
9	1	2	7	4	8	6	5	3
3	5	7	2	1	6	9	4	8

(179)

1	5	6	4	2	7	9	8	3
4	9	7	1	8	3	6	2	5
8	3	2	5	9	6	4	1	7
6	2	5	9	7	4	8	3	1
9	7	1	6	3	8	2	5	4
3	4	8	2	5	1	7	9	6
2	6	4	8	1	5	3	7	9
7	1	9	3	6	2	5	4	8
5	8	3	7	4	9	1	6	2

(180)

4	1	3	2
2	3	1	4
1	2	4	3
3	4	2	1

(181)

2	3	1	4
4	1	3	2
1	2	4	3
3	4	2	1

(182)

1	8	5	7	4	3	2	6	9
3	4	2	9	6	8	7	5	1
7	9	6	5	2	1	4	8	3
4	7	3	8	9	6	1	2	5
6	2	8	4	1	5	9	3	7
9	5	1	2	3	7	8	4	6
8	6	9	1	5	4	3	7	2
2	3	4	6	7	9	5	1	8
5	1	7	3	8	2	6	9	4

(183)

9	1	8	3	2	5	4	6	7
5	6	7	8	9	4	1	2	3
2	3	4	6	1	7	5	8	9
8	9	1	5	7	3	2	4	6
6	2	3	9	4	8	7	1	5
4	7	5	1	6	2	3	9	8
7	4	6	2	3	9	8	5	1
1	5	2	7	8	6	9	3	4
3	8	9	4	5	1	6	7	2

(184)

1	5	2	4	3
4	2	3	5	1
3	1	5	2	4
5	3	4	1	2
2	4	1	3	5

3	5	2	4	1
1	4	5	3	2
2	3	1	5	4
4	1	3	2	5
5	2	4	1	3

(185)

2	8	5	1	7	9	6	4	3
6	1	4	3	8	2	5	7	9
9	3	7	4	6	5	1	2	8
1	2	6	9	4	3	8	5	7
8	4	9	5	2	7	3	1	6
5	7	3	6	1	8	4	9	2
7	6	2	8	5	4	9	3	1
3	5	8	2	9	1	7	6	4
4	9	1	7	3	6	2	8	5

(186)

7	4	2	1	6	3	9	5	8
8	5	3	4	2	9	7	1	6
9	1	6	7	5	8	3	4	2
2	8	7	5	3	6	1	9	4
4	3	9	2	1	7	6	8	5
1	6	5	8	9	4	2	3	7
6	7	8	3	4	1	5	2	9
3	2	4	9	7	5	8	6	1
5	9	1	6	8	2	4	7	3

(187)

6	1	2	5	3	4
4	3	5	1	6	2
2	6	4	3	1	5
3	5	1	2	4	6
1	2	6	4	5	3
5	4	3	6	2	1

(188)

1	3	4	2	5	6
2	6	5	3	1	4
6	5	2	4	3	1
4	1	3	5	6	2
3	2	6	1	4	5
5	4	1	6	2	3

(189)

7	5	2	6	9	3	1	4	8
9	8	4	2	5	1	6	3	7
3	6	1	7	4	8	2	9	5
5	1	8	9	3	6	7	2	4
4	9	6	5	7	2	3	8	1
2	7	3	1	8	4	5	6	9
6	2	9	8	1	5	4	7	3
1	3	7	4	2	9	8	5	6
8	4	5	3	6	7	9	1	2

(190)

6	2	9	4	5	8	1	7	3
1	8	4	2	3	7	5	6	9
7	5	3	1	9	6	2	8	4
8	4	6	7	1	2	3	9	5
9	1	7	5	4	3	8	2	6
5	3	2	8	6	9	4	1	7
4	7	8	6	2	5	9	3	1
3	6	5	9	8	1	7	4	2
2	9	1	3	7	4	6	5	8

(191)

6	1	5	4	3	2
2	3	4	1	5	6
3	4	6	2	1	5
1	5	2	3	6	4
5	2	1	6	4	3
4	6	3	5	2	1

(192)

(193)

6	2	1	5	3	4
4	5	3	6	2	1
5	3	4	1	6	2
2	1	6	4	5	3
3	4	5	2	1	6
1	6	2	3	4	5

(194)

6	1	7	8	5	4	2	9	3
9	4	3	7	2	6	1	8	5
5	8	2	1	9	3	4	7	6
3	9	5	4	7	2	6	1	8
4	6	1	3	8	5	7	2	9
7	2	8	6	1	9	3	5	4
2	3	9	5	6	7	8	4	1
8	5	4	2	3	1	9	6	7
1	7	6	9	4	8	5	3	2

(195)

5	6	7	1	9	2	4	3	8
4	3	2	7	8	5	1	9	6
9	1	8	4	3	6	7	5	2
6	9	3	2	1	7	8	4	5
8	2	1	5	4	9	6	7	3
7	5	4	8	6	3	9	2	1
3	8	9	6	5	4	2	1	7
1	7	5	9	2	8	3	6	4
2	4	6	3	7	1	5	8	9

(196)

4	5	3	6	1	2
6	1	2	3	5	4
5	4	1	2	6	3
3	2	6	1	4	5
1	3	4	5	2	6
2	6	5	4	3	1

(197)

3	6	4	1	2	5
5	1	2	3	4	6
1	2	5	6	3	4
6	4	3	5	1	2
4	5	1	2	6	3
2	3	6	4	5	1

(198)

3	2	5	4	1
2	4	1	5	3
5	1	4	3	2
4	3	2	1	5
1	5	3	2	4

(199)

5	3	1	4	2
1	4	2	5	3
2	1	5	3	4
4	2	3	1	5
3	5	4	2	1

(200)

6	4	5	1	3	2
1	2	3	4	6	5
2	3	1	5	4	6
5	6	4	3	2	1
4	1	6	2	5	3
3	5	2	6	1	4

2	3	5	4	6	1
4	1	6	3	2	5
1	6	4	5	3	2
5	2	3	6	1	4
3	4	2	1	5	6
6	5	1	2	4	3

(201)

1	6	7	9	2	8	5	3	4
5	9	3	4	1	6	7	2	8
2	4	8	7	5	3	9	1	6
4	3	9	5	8	1	6	7	2
7	2	1	6	4	9	8	5	3
8	5	6	2	3	7	1	4	9
6	1	5	3	9	2	4	8	7
3	7	4	8	6	5	2	9	1
9	8	2	1	7	4	3	6	5

(202)

5	6	7	2	1	8	3	9	4
9	8	3	4	7	6	2	5	1
4	1	2	9	3	5	6	7	8
7	9	6	3	8	1	4	2	5
2	3	4	7	5	9	8	1	6
1	5	8	6	4	2	7	3	9
6	2	5	8	9	3	1	4	7
3	4	1	5	6	7	9	8	2
8	7	9	1	2	4	5	6	3

(203)

9	3	8	4	1	7	2	5	6
6	7	1	9	2	5	3	4	8
2	5	4	6	8	3	7	9	1
4	1	9	3	7	6	8	2	5
5	8	3	1	4	2	6	7	9
7	2	6	5	9	8	1	3	4
3	6	2	8	5	9	4	1	7
1	9	7	2	6	4	5	8	3
8	4	5	7	3	1	9	6	2

(204)

1	6	5	3	2	4
2	3	4	1	6	5
6	1	3	4	5	2
4	5	2	6	3	1
3	2	1	5	4	6
5	4	6	2	1	3

(205)

2	1	5	3	6	4
3	6	4	2	1	5
6	5	3	1	4	2
1	4	2	6	5	3
4	2	6	5	3	1
5	3	1	4	2	6

(206)

9	1	6	7	2	4	8	3	5
5	4	7	8	3	6	1	9	2
2	3	8	1	5	9	4	7	6
8	6	9	4	7	5	3	2	1
3	5	4	9	1	2	6	8	7
7	2	1	3	6	8	9	5	4
6	9	2	5	4	3	7	1	8
4	7	3	2	8	1	5	6	9
1	8	5	6	9	7	2	4	3

(207)

3	1	4	8	2	6	7	9	5
8	2	5	9	7	1	6	4	3
9	7	6	3	4	5	1	2	8
2	6	7	4	1	3	8	5	9
5	3	1	2	9	8	4	7	6
4	9	8	5	6	7	3	1	2
6	4	3	1	5	2	9	8	7
1	8	2	7	3	9	5	6	4
7	5	9	6	8	4	2	3	1

(208)

(209)

6	4	5	3	2	1
2	1	4	6	3	5
3	5	1	2	6	4
1	3	6	4	5	2
5	2	3	1	4	6
4	6	2	5	1	3

(210)

5	1	3	4	6	2
6	2	5	1	3	4
1	5	4	3	2	6
4	3	6	2	5	1
2	6	1	5	4	3
3	4	2	6	1	5

(211)

7	4	9	8	6	5	3	1	2
8	2	6	4	1	3	7	5	9
5	3	1	9	2	7	6	4	8
6	1	2	3	5	9	4	8	7
4	5	7	6	8	2	9	3	1
9	8	3	1	7	4	2	6	5
1	6	4	7	9	8	5	2	3
2	7	8	5	3	6	1	9	4
3	9	5	2	4	1	8	7	6

(212)

7	3	4	5	6	1	9	8	2
2	9	5	7	3	8	1	6	4
6	8	1	2	9	4	3	5	7
9	1	3	6	5	7	4	2	8
8	2	6	3	4	9	5	7	1
5	4	7	8	1	2	6	9	3
3	7	9	4	2	5	8	1	6
4	5	8	1	7	6	2	3	9
1	6	2	9	8	3	7	4	5

(213)

1	5	4	6	3	2
3	2	6	1	4	5
2	3	1	4	5	6
4	6	5	3	2	1
5	1	3	2	6	4
6	4	2	5	1	3

(214)

6	3	1	4	2	5
2	4	5	3	1	6
3	1	4	6	5	2
5	6	2	1	4	3
4	2	3	5	6	1
1	5	6	2	3	4

(215)

2	7	5	8	1	3	4	6	9
4	1	8	6	7	9	3	5	2
6	9	3	5	2	4	7	1	8
3	5	1	2	6	7	9	8	4
7	2	6	4	9	8	1	3	5
8	4	9	1	3	5	2	7	6
5	3	4	9	8	1	6	2	7
9	6	7	3	5	2	8	4	1
1	8	2	7	4	6	5	9	3

(216)

7	1	6	2	8	4	5	9	3
4	5	2	9	6	3	8	7	1
3	8	9	7	1	5	4	2	6
9	4	1	8	2	7	3	6	5
8	2	3	5	4	6	9	1	7
5	6	7	3	9	1	2	8	4
6	7	8	4	5	2	1	3	9
2	3	5	1	7	9	6	4	8
1	9	4	6	3	8	7	5	2

1	2	6	4	5	3
5	4	3	1	6	2
4	6	2	5	3	1
3	5	1	2	4	6
2	3	4	6	1	5
6	1	5	3	2	4

(217)

2	3	6	5	1	4
4	1	5	2	6	3
5	6	2	4	3	1
1	4	3	6	5	2
3	5	4	1	2	6
6	2	1	3	4	5

(218)

8	7	2	9	6	3	5	1	4
1	9	5	4	2	7	8	3	6
3	6	4	8	5	1	2	9	7
6	4	7	2	1	8	9	5	3
2	8	9	5	3	6	4	7	1
5	3	1	7	9	4	6	2	8
9	1	6	3	8	2	7	4	5
7	5	8	1	4	9	3	6	2
4	2	3	6	7	5	1	8	9

(219)

6	4	3	8	9	2	1	7	5
9	1	7	5	4	3	2	6	8
2	8	5	7	6	1	3	9	4
5	2	8	4	3	9	6	1	7
4	6	1	2	5	7	9	8	3
3	7	9	6	1	8	5	4	2
7	3	2	9	8	6	4	5	1
1	9	4	3	7	5	8	2	6
8	5	6	1	2	4	7	3	9

(220)

2	3	6	4	1	5
5	4	1	2	6	3
6	5	3	1	4	2
1	2	4	5	3	6
4	6	5	3	2	1
3	1	2	6	5	4

(221)

9	3	6	8	5	7	2	1	4
7	1	5	6	4	2	8	9	3
2	4	8	1	9	3	5	6	7
3	5	2	9	6	8	4	7	1
4	8	9	5	7	1	6	3	2
1	6	7	2	3	4	9	8	5
6	7	3	4	8	5	1	2	9
5	9	1	3	2	6	7	4	8
8	2	4	7	1	9	3	5	6

(222)

1	9	3	6	5	2	4	7	8
2	4	8	1	7	9	5	3	6
5	7	6	4	3	8	1	9	2
8	1	7	9	6	5	3	2	4
9	5	4	2	8	3	7	6	1
3	6	2	7	4	1	9	8	5
4	3	1	8	9	6	2	5	7
7	8	9	5	2	4	6	1	3
6	2	5	3	1	7	8	4	9

(223)

4	2	6	3	1	5
3	5	2	1	4	6
1	3	5	4	6	2
5	6	4	2	3	1
6	4	1	5	2	3
2	1	3	6	5	4

(224)

（225）

1	3	2	6	4	5
6	5	4	1	2	3
2	1	5	3	6	4
4	6	3	5	1	2
5	2	6	4	3	1
3	4	1	2	5	6

（226）

4	5	2	3	1	6
3	1	6	5	2	4
5	6	4	2	3	1
2	3	1	4	6	5
1	4	3	6	5	2
6	2	5	1	4	3

（227）

3	7	5	1	6	9	4	2	8
4	8	9	7	2	3	1	5	6
2	6	1	8	5	4	9	3	7
6	3	4	9	1	7	5	8	2
7	1	2	5	4	8	3	6	9
9	5	8	6	3	2	7	1	4
8	4	3	2	7	5	6	9	1
5	2	6	4	9	1	8	7	3
1	9	7	3	8	6	2	4	5

（228）

3	4	8	7	2	6	1	9	5
9	6	1	4	5	8	3	7	2
7	5	2	9	1	3	4	6	8
6	1	4	8	9	2	7	5	3
2	7	9	3	6	5	8	1	4
5	8	3	1	7	4	9	2	6
1	3	6	5	8	7	2	4	9
4	2	7	6	3	9	5	8	1
8	9	5	2	4	1	6	3	7

（229）

1	9	8	2	6	4	3	7	5
5	7	3	1	9	8	6	4	2
4	6	2	3	5	7	8	9	1
8	1	7	5	3	2	9	6	4
3	2	9	7	4	6	5	1	8
6	4	5	9	8	1	2	3	7
9	8	1	4	2	3	7	5	6
7	3	6	8	1	5	4	2	9
2	5	4	6	7	9	1	8	3

（230）

1	2	4	6	5	3
5	3	6	4	2	1
4	5	1	2	3	6
2	6	3	5	1	4
3	4	2	1	6	5
6	1	5	3	4	2

（231）

3	1	5	4	2	6
4	6	2	5	3	1
1	3	4	2	6	5
5	2	6	3	1	4
6	5	3	1	4	2
2	4	1	6	5	3

（232）

4	6	2	5	8	1	3	7	9
1	7	8	6	3	9	2	4	5
3	9	5	4	2	7	1	8	6
7	2	3	8	4	5	9	6	1
9	4	6	1	7	3	5	2	8
8	5	1	2	9	6	7	3	4
6	8	9	7	1	2	4	5	3
5	1	7	3	6	4	8	9	2
2	3	4	9	5	8	6	1	7

（233）

9	1	5	8	7	3	6	2	4
2	6	3	9	4	1	7	8	5
7	8	4	5	2	6	1	3	9
1	2	6	4	3	9	5	7	8
8	3	7	1	5	2	4	9	6
5	4	9	7	6	8	3	1	2
4	5	1	2	9	7	8	6	3
6	9	8	3	1	5	2	4	7
3	7	2	6	8	4	9	5	1

（234）

5	6	4	2	1	3
1	3	2	6	5	4
4	1	5	3	6	2
3	2	6	1	4	5
6	5	3	4	2	1
2	4	1	5	3	6

（235）

3	5	1	6	4	2
4	6	2	3	1	5
6	2	3	1	5	4
5	1	4	2	6	3
2	4	6	5	3	1
1	3	5	4	2	6

（236）

8	5	3	2	1	9	4	7	6
2	1	9	7	4	6	5	8	3
6	4	7	8	3	5	2	9	1
5	2	6	4	7	8	1	3	9
7	9	1	3	6	2	8	5	4
3	8	4	9	5	1	6	2	7
9	7	5	1	8	4	3	6	2
4	6	2	5	9	3	7	1	8
1	3	8	6	2	7	9	4	5

（237）

5	9	2	7	3	8	1	4	6
3	1	4	6	9	5	2	7	8
6	7	8	1	2	4	3	5	9
4	6	3	5	8	1	9	2	7
7	2	1	3	6	9	5	8	4
8	5	9	4	7	2	6	1	3
1	8	5	9	4	6	7	3	2
9	4	7	2	1	3	8	6	5
2	3	6	8	5	7	4	9	1

（238）

1	5	2	6	3	4
3	4	6	5	2	1
4	3	5	1	6	2
2	6	1	3	4	5
5	2	3	4	1	6
6	1	4	2	5	3

（239）

5	2	3	1	6	4
1	6	4	3	2	5
6	5	1	4	3	2
4	3	2	6	5	1
3	4	5	2	1	6
2	1	6	5	4	3

（240）

6	5	2	7	8	4	9	3	1
3	4	1	2	9	6	5	8	7
9	7	8	3	1	5	2	4	6
1	6	3	5	7	9	8	2	4
2	8	7	4	3	1	6	9	5
5	9	4	8	6	2	1	7	3
7	3	5	1	2	8	4	6	9
8	1	6	9	4	3	7	5	2
4	2	9	6	5	7	3	1	8

(241)

6	3	8	7	4	9	5	2	1
4	7	5	6	1	2	8	3	9
2	1	9	8	5	3	7	4	6
9	5	1	4	3	7	6	8	2
7	4	6	9	2	8	3	1	5
3	8	2	1	6	5	4	9	7
5	2	7	3	9	4	1	6	8
8	6	4	2	7	1	9	5	3
1	9	3	5	8	6	2	7	4

(242)

5	3	7	6	4	1	2		
1	5	2	4	6	3	7		
6	4	3	7	1	2	5		
2	7	1	5	3	4	6		
7	6	4	3	2	5	1		
3	1	6	2	5	7	4		
4	2	5	1	7	6	3		

(243)

3	5	2	6	4	7	1		
1	7	4	2	6	5	3		
7	1	6	5	2	3	4		
5	6	3	4	7	1	2		
4	2	7	3	1	6	5		
2	3	1	7	5	4	6		
6	4	5	1	3	2	7		

(244)

9	3	8	4	1	7	6	2	5
1	6	4	2	3	5	8	7	9
7	5	2	9	6	8	1	3	4
3	8	1	7	5	2	9	4	6
5	7	9	6	4	1	3	8	2
4	2	6	8	9	3	7	5	1
8	4	3	1	2	9	5	6	7
2	9	7	5	8	6	4	1	3
6	1	5	3	7	4	2	9	8

(245)

2	6	7	4	1	8	5	9	3
1	4	9	5	3	2	8	7	6
8	3	5	6	7	9	2	4	1
9	8	1	3	5	4	6	2	7
7	2	3	8	6	1	9	5	4
4	5	6	9	2	7	3	1	8
3	9	8	7	4	5	1	6	2
6	1	4	2	9	3	7	8	5
5	7	2	1	8	6	4	3	9

(246)

6	3	4	2	7	5	9	1	8
1	7	8	9	6	3	2	4	5
2	9	5	8	1	4	3	6	7
7	6	3	1	2	9	5	8	4
4	1	2	5	8	7	6	9	3
8	5	9	3	4	6	1	7	2
5	8	6	7	3	1	4	2	9
9	4	7	6	5	2	8	3	1
3	2	1	4	9	8	7	5	6

(247)

6	2	3	9	7	4	5	1	8
5	4	9	2	1	8	3	7	6
1	8	7	6	5	3	2	9	4
4	7	6	5	3	2	9	8	1
3	9	5	8	4	1	7	6	2
8	1	2	7	6	9	4	5	3
9	5	1	3	2	6	8	4	7
2	6	8	4	9	7	1	3	5
7	3	4	1	8	5	6	2	9

(248)

2	6	3	1	5	4
5	4	1	2	3	6
3	1	4	6	2	5
6	5	2	4	1	3
4	2	5	3	6	1
1	3	6	5	4	2

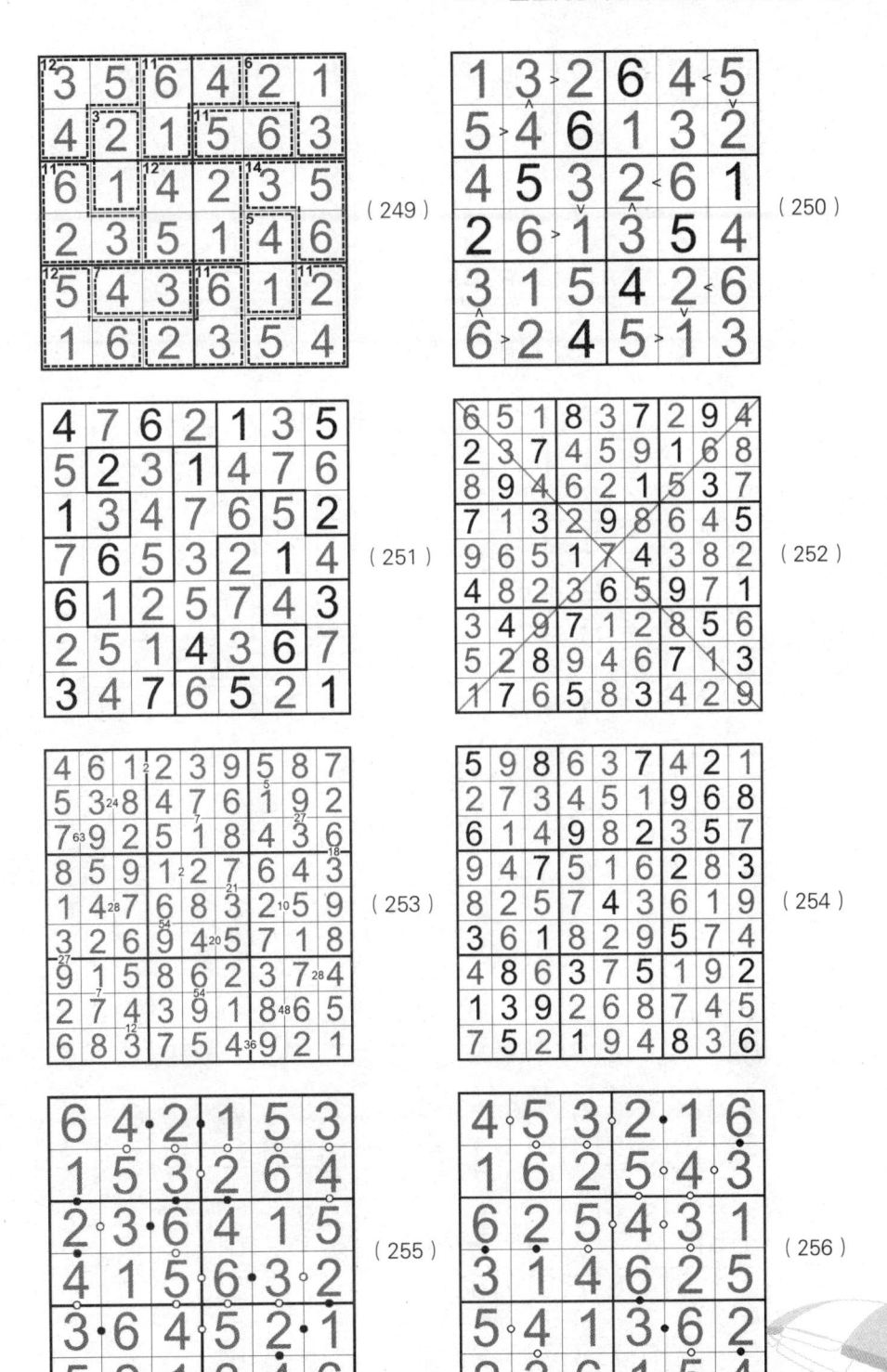

(249)

3	5	6	4	2	1
4	2	1	5	6	3
6	1	4	2	3	5
2	3	5	1	4	6
5	4	3	6	1	2
1	6	2	3	5	4

(250)

1	3	2	6	4	5
5	4	6	1	3	2
4	5	3	2	6	1
2	6	1	3	5	4
3	1	5	4	2	6
6	2	4	5	1	3

(251)

4	7	6	2	1	3	5
5	2	3	1	4	7	6
1	3	4	7	6	5	2
7	6	5	3	2	1	4
6	1	2	5	7	4	3
2	5	1	4	3	6	7
3	4	7	6	5	2	1

(252)

6	5	1	8	3	7	2	9	4
2	3	7	4	5	9	1	6	8
8	9	4	6	2	1	5	3	7
7	1	3	2	9	8	6	4	5
9	6	5	1	7	4	3	8	2
4	8	2	3	6	5	9	7	1
3	4	9	7	1	2	8	5	6
5	2	8	9	4	6	7	1	3
1	7	6	5	8	3	4	2	9

(253)

4	6	1	2	3	9	5	8	7
5	3	8	4	7	6	1	9	2
7	9	2	5	1	8	4	3	6
8	5	9	1	2	7	6	4	3
1	4	7	6	8	3	2	5	9
3	2	6	9	4	5	7	1	8
9	1	5	8	6	2	3	7	4
2	7	4	3	9	1	8	6	5
6	8	3	7	5	4	9	2	1

(254)

5	9	8	6	3	7	4	2	1
2	7	3	4	5	1	9	6	8
6	1	4	9	8	2	3	5	7
9	4	7	5	1	6	2	8	3
8	2	5	7	4	3	6	1	9
3	6	1	8	2	9	5	7	4
4	8	6	3	7	5	1	9	2
1	3	9	2	6	8	7	4	5
7	5	2	1	9	4	8	3	6

(255)

6	4	2	1	5	3
1	5	3	2	6	4
2	3	6	4	1	5
4	1	5	6	3	2
3	6	4	5	2	1
5	2	1	3	4	6

(256)

4	5	3	2	1	6
1	6	2	5	4	3
6	2	5	4	3	1
3	1	4	6	2	5
5	4	1	3	6	2
2	3	6	1	5	4

（257）

6	3	9	8	7	2	1	5	4
7	8	4	3	1	5	9	2	6
5	2	1	4	9	6	8	3	7
2	4	7	9	5	3	6	1	8
8	1	3	6	4	7	5	9	2
9	6	5	1	2	8	7	4	3
3	7	2	5	8	1	4	6	9
1	9	8	2	6	4	3	7	5
4	5	6	7	3	9	2	8	1

（258）

8	5	3	6	9	1	4	2	7
9	1	2	4	8	7	3	6	5
4	7	6	3	5	2	1	9	8
5	3	4	1	2	6	7	8	9
2	6	1	8	7	9	5	4	3
7	8	9	5	4	3	2	1	6
6	4	5	7	1	8	9	3	2
3	2	7	9	6	4	8	5	1
1	9	8	2	3	5	6	7	4

（259）

	2	1	4	2	2	2	
2	2	6	3	4	1	5	2
3	1	5	4	3	6	2	2
1	6	3	5	1	2	4	3
2	4	2	1	6	5	3	3
3	3	1	2	5	4	6	1
2	5	4	6	2	3	1	3
	2	3	1	3	4	2	

（260）

	2	2	3		1	5	
4	3	4	1	5	6	2	2
1	6	2	5	4	3	1	5
	4	1	6	2	5	3	3
2	5	3	2	6	1	4	
2	1	6	4	3	2	5	2
3	2	5	3	1	4	6	1
	3	2		3	3	1	

（261）

2	4	8	9	1	5	7	6	3
6	1	5	4	7	3	9	2	8
9	3	7	6	8	2	5	1	4
4	9	2	3	5	6	1	8	7
5	7	3	8	9	1	6	4	2
8	6	1	7	2	4	3	9	5
7	5	4	2	6	9	8	3	1
3	8	6	1	4	7	2	5	9
1	2	9	5	3	8	4	7	6

（262）

4	9	3	5	7	2	6	8	1
7	2	6	8	1	3	4	5	9
8	1	5	4	6	9	7	3	2
6	5	1	7	9	4	3	2	8
2	7	4	3	8	5	1	9	6
3	8	9	6	2	1	5	4	7
5	6	2	1	3	8	9	7	4
1	3	8	9	4	7	2	6	5
9	4	7	2	5	6	8	1	3

（263）

8	2	4	7	3	5	1	6	9
5	7	9	8	2	3	6	4	1
4	5	2	1	8	6	9	3	7
1	6	7	3	9	4	8	2	5
3	9	8	5	1	2	4	7	6
2	1	5	4	6	7	3	9	8
6	3	1	2	5	9	7	8	4
9	4	3	6	7	8	5	1	2
7	8	6	9	4	1	2	5	3

（264）

2	4	6	7	5	1	8	9	3
5	3	9	8	1	2	7	6	4
4	6	5	1	9	8	3	2	7
7	9	3	2	6	5	4	1	8
8	1	4	9	7	6	5	3	2
3	2	7	5	8	9	1	4	6
9	8	1	4	2	3	6	7	5
1	7	8	6	3	4	2	5	9
6	5	2	3	4	7	9	8	1

7	1	5	8	6	3	4	2	9
4	6	2	1	5	9	7	3	8
3	9	8	4	2	7	5	6	1
5	7	3	2	9	1	6	8	4
2	8	1	6	3	4	9	7	5
9	4	6	5	7	8	3	1	2
6	5	9	3	8	2	1	4	7
1	2	7	9	4	6	8	5	3
8	3	4	7	1	5	2	9	6

（265）

5	4	9	7	6	1	8	3	2
7	2	6	8	4	3	1	5	9
8	1	3	5	9	2	6	4	7
2	6	7	1	3	5	9	8	4
9	5	4	2	8	6	7	1	3
3	8	1	9	7	4	2	6	5
6	9	2	4	5	8	3	7	1
1	3	5	6	2	7	4	9	8
4	7	8	3	1	9	5	2	6

（266）

6	1	3	7	5	4	2	9	8
7	9	4	8	6	2	3	5	1
5	2	8	3	1	9	6	7	4
9	4	2	1	7	6	8	3	5
8	5	6	2	9	3	4	1	7
1	3	7	4	8	5	9	2	6
3	7	1	6	2	8	5	4	9
4	8	9	5	3	1	7	6	2
2	6	5	9	4	7	1	8	3

（267）

5	9	7	4	2	3	1	8	6
2	8	1	6	9	5	4	7	3
4	3	6	1	7	8	9	5	2
9	7	3	2	4	6	5	1	8
1	5	2	3	8	9	7	6	4
6	4	8	7	5	1	2	3	9
3	6	4	9	1	7	8	2	5
7	2	5	8	6	4	3	9	1
8	1	9	5	3	2	6	4	7

（268）

5	6	2	3	7	8	4	1	9
7	1	4	9	5	2	8	3	6
9	3	8	4	1	6	2	7	5
6	8	5	1	3	9	7	2	4
2	4	1	5	8	7	9	6	3
3	7	9	2	6	4	1	5	8
1	9	7	6	4	3	5	8	2
8	2	6	7	9	5	3	4	1
4	5	3	8	2	1	6	9	7

（269）

3	6	8	4	1	5	9	2	7
2	7	4	8	3	9	6	1	5
5	1	9	2	7	6	8	3	4
1	5	6	9	4	8	2	7	3
4	2	7	6	5	3	1	9	8
9	8	3	1	2	7	4	5	6
6	9	5	3	8	2	7	4	1
7	4	2	5	6	1	3	8	9
8	3	1	7	9	4	5	6	2

（270）

1	3	4	2	5	6
5	2	6	4	3	1
3	6	1	5	2	4
2	4	5	6	1	3
6	5	3	1	4	2
4	1	2	3	6	5

（271）

	2	2	2	1	3	2	
4	2	4	5	6	1	3	2
1	6	3	1	4	5	2	3
2	5	1	4	2	3	6	1
2	3	2	6	5	4	1	4
2	4	6	3	1	2	5	2
3	1	5	2	3	6	4	2
	4	2	3	3	1	3	

（272）

(273)

7	6	4	1	5	9	3	8	2
9	3	5	8	2	4	1	7	6
1	8	2	6	3	7	4	9	5
2	1	7	9	6	3	5	4	8
3	9	8	4	1	5	6	2	7
4	5	6	2	7	8	9	3	1
6	7	1	3	9	2	8	5	4
5	4	9	7	8	6	2	1	3
8	2	3	5	4	1	7	6	9

(274)

7	3	1	4	9	6	8	2	5
2	9	8	3	5	7	4	6	1
6	5	4	2	8	1	3	7	9
3	2	9	1	7	4	5	8	6
8	7	6	5	2	9	1	3	4
1	4	5	8	6	3	7	9	2
5	8	7	9	4	2	6	1	3
4	1	2	6	3	8	9	5	7
9	6	3	7	1	5	2	4	8

(275)

5	2	4	7	3	9	6	8	1
9	1	8	4	6	3	5	7	2
6	5	7	2	8	1	9	3	4
8	6	1	3	7	4	2	9	5
4	3	2	1	9	6	8	5	7
7	9	3	6	4	5	1	2	8
2	4	5	8	1	7	3	6	9
3	7	9	5	2	8	4	1	6
1	8	6	9	5	2	7	4	3

(276)

6	4	8	2	1	7	9	3	5
3	2	5	6	9	8	4	1	7
7	1	9	4	3	5	8	6	2
2	3	4	9	8	1	5	7	6
9	8	7	3	5	6	1	2	4
5	6	1	7	4	2	3	8	9
8	7	3	5	6	9	2	4	1
4	9	6	1	2	3	7	5	8
1	5	2	8	7	4	6	9	3

(277)

9	8	2	5	7	3	6	4	1
4	6	5	2	1	8	3	9	7
1	7	3	9	4	6	8	5	2
3	5	8	1	9	7	2	6	4
2	9	7	6	8	4	5	1	3
6	4	1	3	5	2	9	7	8
7	2	6	4	3	9	1	8	5
5	3	4	8	6	1	7	2	9
8	1	9	7	2	5	4	3	6

(278)

6	9	7	2	1	3	4	8	5
8	3	4	7	9	5	2	1	6
2	1	5	4	8	6	7	9	3
7	2	1	5	6	8	9	3	4
5	4	3	1	2	9	8	6	7
9	6	8	3	7	4	5	2	1
1	8	6	9	4	7	3	5	2
3	7	9	6	5	2	1	4	8
4	5	2	8	3	1	6	7	9

(279)

5	2	3	4	7	8	6	9	1
6	7	4	1	5	9	8	2	3
8	1	9	6	2	3	4	5	7
9	4	1	2	3	6	5	7	8
3	5	7	9	8	1	2	4	6
2	6	8	5	4	7	1	3	9
4	8	6	7	9	5	3	1	2
7	3	2	8	1	4	9	6	5
1	9	5	3	6	2	7	8	4